MORCEAUX CHOISIS

extraits de

LA BOUSSOLE

REVUE SOCIALE ET POLITIQUE

des

CLASSES LABORIEUSES

Prix : 10 c.

PARIS

AU BUREAU DE LA BOUSSOLE,
Rue du Jour, 27.

—

1845

Bureaux à Paris,
Rue du Jour, 27 (*Affranchir.*)
12 FRANCS PAR AN.
Les ouvriers auront la faculté de s'abonner par douzième.

On s'abonne en Province,
chez tous les Directeurs de poste
1 fr. 25 c. en sus par abonnement à toucher dans les départemens.

La Boussole paraît tous les dimanches. Chrétienne, sociale et politique, elle s'occupe avant tout des questions et des faits qui touchent aux intérêts du peuple. Elle publie, au même point de vue, un bulletin hygiénique, scientifique, industriel et littéraire.

Tout ouvrier porteur de sa quittance mensuelle d'abonnement sera admis deux fois par semaine à un conseil de jurisconsultes dans les bureaux de *La Boussole*, et tous les jours à une consultation de médecin qu'il pourra choisir dans son voisinage.

Il lui sera fait, dans les pharmacies indiquées, une remise très considérable sur le prix ordinaire des médicaments.

La présente Brochure vendue cinquante centimes aux bureaux de la Boussole, donnera, pendant un mois, les mêmes avantages.

Une Société de médecins et de jurisconsultes, donnant un noble exemple de dévouement à la classe ouvrière, lui offre un patronage complètement désintéressé.

Nous proclamons avec les fondateurs de la BOUSSOLE que les fonds provenant des abonnements ou ventes de brochures ne seront applicables qu'au développement de cette patriotique et sociale entreprise.

Autorité, Liberté,
Travail,

Moralisation, Fraternité,
Patronage.

In hoc signo vinces.

En adoptant la croix comme principe et fin du salut des sociétés humaines, *La Boussole* ne se transforme pas. Elle affirme ses idées par la logique et par l'histoire. Elle proclame son symbole.

Lorsque Dieu envoya son Christ au monde, le monde sans ardeurs, sans croyances, perverti par les rhéteurs et les philosophes, écrasé par le despotisme, dévoré par un luxe monstrueux, déshonorant par ses débauches sans nom la race humaine dans la personne des enfants et des femmes, jetant les esclaves aux viviers des patriciens pour engraisser des murènes, et les travailleurs aux corporations marchandes pour engraisser les capitalistes, le monde se mourait du matérialisme, de l'usure et de la servitude, exploitation de l'humanité par l'égoïsme, par la force et par l'argent. Pour sauver la société, dans le présent et dans l'avenir, Dieu fit de l'Évangile la révélation de la destinée libre qu'il avait faite à l'homme, de la loi qu'il avait tracée à l'organisation et à la stabilité des empires, et des bouleversements qui attendaient les peuples jetés hors de ces voies. Alors, des enfants, des ouvriers, des femmes, des esclaves, *vil ramas* d'apprêteurs de laine, de cordonniers, de forgerons, de charpentiers, sortis du fond le plus infime de la plèbe, sans étude, sans lettres, étrangers à tout art qui n'est point un métier, se déclarent audacieusement les ennemis des dieux, des Césars, des mœurs, et, la croix à la main, s'avancent à la conquête de ce monde décrépit, qui ne leur avait fait de place que dans la misère et dans l'esclavage, et avait prononcé sur eux les mots de *chose* et d'*éternité*. Ils se divisent, selon leur nombre et les lieux, en petites associations ; chaque association obéit à un pasteur élu par la majorité. Forcés de se rallier pour se concerter, pour se porter secours, pour résister avec ensemble, plusieurs de ces associations forment une fédération qui nomme un chef commun ; et ces pasteurs et ces chefs, en sont à la fois les magistrats spirituels et les magistrats temporels.

La vieille société, pour se défendre, les diffame, les calomnie, les insulte, les jette aux tigres et aux léopards des cirques, fait de leurs corps des torches pour les illuminations des fêtes impériales ; mais après quatre siècles de persécutions, il se trouve qu'une société jeune et vigoureuse, pure de mœurs, ardente de croyances, sublime d'abnégation, multipliée par le sang des martyrs, se gouvernant, s'administrant elle-même par ses chefs élus par tous et parmi tous, s'est substituée graduellement avec ses lois, ses mœurs, ses revenus et ses dépenses, à la vieille société gorgée de priviléges, pourrie de vices, agenouillée devant la matière. Aussi quand les Césars cherchent leur appui, ils le trouvent non plus dans la société païenne, monde vieilli, énervé et impuissant, mais dans la société chrétienne, monde nouveau, qui retrempé aux sources populaires, leur répond par l'*in hoc signo vinces*, et « la sublime folie de la croix,» qui était la folie de la moitié du monde, entre triomphante avec Constantin dans la ville éternelle. C'est alors la société chrétienne qui gouverne, qui administre, qui enseigne; à elle le pouvoir, les mœurs, les faits et les intelligences! Tandis que la société payenne n'a plus que des rhéteurs, des faiseurs d'épithalames, et toute cette littérature subalterne qui, au déclin des sociétés, berce les oisifs et les riches sur les bords de l'abîme; la société chrétienne abonde en politiques, en orateurs, en historiens, qui s'adressent aux plus grands intérêts de l'intelligence et de la vie réelle, et traitent des choses qui agitent les peuples dans les cités. Ce n'est plus à l'orgueil, au rang, à la fortune, aux succès des crimes heureux que s'adressent les admirations de la foule, c'est à la chasteté, à l'humilité, à la résignation, à la pauvreté, au travail, à la liberté, à tout ce dont la vieille société, marché de courtisans et d'esclaves, avait fait un opprobre et un instrument d'oppression, et dont la croix vient de faire une source éternelle de vénération et de gloire. Les grands et les riches demandent eux-mêmes leur salut aux petits et aux pauvres, et le monde adore l'homme-Dieu qui, pour réhabiliter la pauvreté, le travail et le peuple, a voulu naître dans une étable, sur la paille, le lit de l'ouvrier et du pauvre, et mourir sur une croix, le gibet des esclaves.

Bientôt les races barbares se jettent sur les populations exténuées par l'esclavage et par la misère; et arrêtant la société chrétienne dans sa puissante transfiguration du monde, elles ramassent, pour le faire éclore en féodalité, l'un des principes que le Christ avait condamnés comme la source éternelle de la dégradation humaine et des révolutions des empires : le principe de la force.

La croix redevient le signe sous lequel la société marche de nouveau vers son affranchissement. Abrité dans les monastères, le principe chrétien de l'association par l'autorité, la liberté, la fraternité et le travail, prépare le triomphe de l'intelligence sur le fer, du droit sur la force, de la liberté sur la servitude. Passant de l'Église dans l'État, il dresse les chartes des communes avec Louis-le-Gros, le livre des métiers avec Louis IX, et fait sauter une à une, les pièces de l'armure de ce grand corps féodal, qui ne pouvait se tenir debout que bardé de fer. Ainsi, la croix qui avait vaincu l'esclavage païen, triompha aussi du servage féodal; et par cette transition entre la servitude antique et la liberté moderne, il s'avança vers l'affranchissement promis à la race humaine.

Mais la société qui, par les communes et les métiers, s'était substituée à la société féodale, comme autrefois par l'Évangile à la société païenne, n'était point une société chrétienne, c'était une société bourgeoise. Elle n'avait point fait des deux bras de la croix, le niveau sous lequel la société allait marcher vers des destinées nouvelles. Pour ruiner le principe de la force, elle n'avait point fait du principe chrétien un point d'appui : elle n'en avait fait qu'un levier. Voulant clouer le progrès à son milieu, elle avait proclamé le principe de l'argent. La Commune et la Jurande chrétienne, n'avaient été ainsi entre ses mains, qu'une arme à deux tranchants, dont l'un était tourné vers la féodalité pour la vaincre, et l'autre vers le peuple pour l'opprimer. Aussi, à peine eut-elle vaincue la féodalité, que pour empêcher les masses populaires de trouver dans l'extension du principe de la commune et de la jurande, les éléments de leurs franchises et d'un capital comme elle y avait trouvé les siens propres, la bourgeoisie se hâta de détruire l'organisation à laquelle elle devait sa prépondérance ; et elle proclama la libre concurrence du travail dont la possession d'un capital préexistant faisait un mensonge. Bien plus, pour que le peuple ne trouvât point dans le principe chrétien contre le principe bourgeois de l'argent, les instruments de la lutte et du triomphe, qu'elle avait trouvés elle-même contre le principe féodal de la force, la bourgeoisie, n'a cessé de travailler à *déchristianiser* le peuple. Tous les philosophes, tous les romanciers du dernier siècle, tous les terribles législateurs de la Convention, tous les rhéteurs et tous les ecclectiques, tous les historiens, tous les économistes, tous les sectaires de nos jours qui ont eu et qui ont pour se produire toutes les grandes voix de l'époque, la tribune, la presse, le théâtre, le professorat, la commandite, l'appel comme d'abus, l'amende, la prison et le bourreau, qu'ont-ils été et que sont-ils ? sinon des bourgeois ? Des bourgeois, qui échaffaudent et culbutent les uns sur les autres, des systèmes, des génies et des dieux, pour que, livré à l'anarchie des faits, des mœurs, des esprits et des consciences, le peuple ne sache plus où se prendre ni où se poser, et que perdu dans les ténèbres du doute, il ne songe plus à demander au chrisrianisme la fin de l'exploitation que l'argent fait de lui, comme il lui a demandé et en a obtenu la fin de l'exploitation du paganisme et de la féodalité.

Et voilà pourquoi, nous, lorsque de toutes parts, les hommes qui ont le monopole politique et social, s'efforcent pour l'y faire marcher à reculons, de rouvrir les voies que le peuple croyait à jamais fermées, nous élevons le symbole sous lequel, depuis dix-huit siècles ont été vaincus, l'un après l'autre, les principes et les faits qui ont prétendu réduire les promesses du Christ, à l'impossibilité d'une utopie humaine.

Marche de la civilisation.

Il ne faut point isoler et prendre un à un, pour les juger, les faits
et les idées qui se produisent à une époque déterminée de l'existence d'un peuple. Heureuse ou néfaste, une situation politique et
sociale n'éclate jamais sans précédents, car, toutes les époques ont
été et sont sous l'influence d'une idée ou d'un fait dominants. Le
milieu dans lequel un peuple s'agite, a donc toujours été préparé
par le travail antérieur des hommes et des choses. Mais, pour ap-
précier ce travail, pour le faire avancer et aboutir dans les voies
que Dieu a tracées à la perfectibilité humaine et sociale, il est nécessaire de se dégager de toute préoccupation de système, de parti
et d'individualité. Le vrai est ce qui se peut, disent les sceptiques ;
non, le vrai est ce qui est, répond le chrétien, et, pour le trouver,
la croix est la lumière.

Sans doute, pour dire la vérité à tous en plein soleil, il faut par-
fois se voiler la face, afin de ne point se laisser arrêter par les mé-
comptes qu'elle cause, par les ruines qu'elle fait dans les intérêts,
dans les affections, et surtout dans les préjugés de ceux qui voudraient l'ignorer toujours. Il faut même se faire violence, parce
qu'il est cruel pour soi-même de sentir la rougeur de l'indignation arriver au front, et l'amertume monter du cœur aux lèvres.
Mais quoi ! il faut pourtant bien la dire, car la vérité tenue sous le
boisseau, n'a jamais profité à qui que ce soit au monde, ni aux
gouvernements, ni aux sociétés, ni aux rois, ni aux peuples, ni
aux riches, ni aux pauvres. La vérité est la vie de la religion, de la
morale, de la société, de l'État. Aussi y a-t-il dans l'existence des peuples, quelque chose de plus concluant que les plus beaux raison-

nements, une autorité plus incontestable que celle des livres du plus magnifique style, des discours de la plus haute éloquence ou des pamphlets de la verve la plus caustique. Cette autorité s'appelle la civilisation. Et il faut la prendre au point où elle est parvenue, l'accepter dans son intégralité sous peine d'être débordé, écrasé par elle, laissé sur la route; et comme des bornes milliaires, n'être plus bons qu'à marquer les distances parcourues. Lorsque tout marche, lorsque depuis dix-huit cents ans la croix s'avance de conquête en conquête vers l'organisation de la société dont la bonne nouvelle fut apportée aux enfants de la promesse, qui donc, avec du cœur, de l'intelligence, l'amour de la patrie et de l'humanité, voudrait se laisser clouer à un passé éteint, se momifier dans une idée qui n'a plus d'avenir, se condamner à ce rôle de la peur, de l'égoïsme et de la matière, et par obstination ou nonchalance, se soustraire à ce besoin infini de transformation qui tourmente tous les partis, et les provoque à trouver un terrain commun sur lequel toutes les dissidences puissent se rallier?

Or, voici ce que la philosophie de l'histoire enseigne touchant le travail que la civilisation française a mis des siècles à accomplir.

Elle a fait ses premiers pas d'abord, par le moyen et au profit des classes supérieures ou privilégiées. De ce point culminant, fécondée par l'esprit chrétien d'association des faibles contre les forts, elle est descendue peu à peu, par infiltration lente mais sûre, dans les hiérarchies diverses des classes inférieures, où elle a créé des priviléges de second ordre. Bientôt on la voit se développer, s'étendre, se généraliser enfin de plus en plus, et de même que des classes nobles elle a passé aux classes bourgeoises, elle a passé de celles-ci aux classes populaires, où elle avance chaque jour davantage.

En procédant ainsi, le principe chrétien, n'a fait que suivre dans la société, la marche logique de la nature même de l'homme, qui ne généralise qu'à la longue ses sentiments et ses idées, et ne comble que couche par couche, pour ainsi dire, l'abime qui sépare le connu de l'inconnu. La civilisation chrétienne a donc procédé dans notre société par rayonnement ou, pour mieux dire, du centre à la circonférence. Mais quand ce long et pénible travail touche à son terme, malheur à celui qui le nie, et plus encore à celui qui veut l'empêcher d'atteindre ses dernières limites! La loi providentielle elle-même est contre lui ; il faut qu'il arrive à effacer de la langue des peuples, cette formule représentative et corollaire de leur marche, les mots qui traduisent leurs vœux et les faits accomplis. Car la société a déjà pris d'elle-même un autre nom, démocratie, qui en caractérise la phase nouvelle.

Voilà donc le terrain sur lequel il faut se placer, bravement, loyalement, sans regarder en arrière : car par cela même qu'il est le quotient, le dernier mot du travail si douloureusement fait dans le monde par le principe chrétien, le degré auquel la civilisation est parvenue est l'expression providentielle du triomphe de la croix que nous avons prise pour symbole. Dans nos idées donc, qui dit civilisation, dit *autorité, liberté, travail, moralisation, fraternité, patronage.* Ce sont là les termes en lesquels se formule cette puissante unité du principe chrétien, cercle sans fin de droits et de devoirs faisant retour sur eux-mêmes. Ils émanent de la croix dont ils sont les rayons. Quand nous les aurons expliqués et définis par notre symbole même, on verra que, sur leur indivisibilité, sur leur fonctionnement simultané repose l'équilibre à venir de toutes les forces vives, intelligentes et honnêtes de cette agrégation d'intérêts, de droits, de devoirs, de classes et d'individus, longtemps asservis les uns aux autres, exploités les uns par les autres, mais qui réunis, fondus par le travail civilisateur du christianisme, doivent être constitués en un grand et moderne ensemble, où chacun a sa place, son droit, son devoir, son action, son travail, sa récompense, et qui s'appelle la société chrétienne.

Des classes laborieuses.

Du jour ou Dieu a dit à l'homme : «Tu mangeras ton pain à la sueur de ton front», le travail est devenu la loi de l'humanité tout entière.

Mais en constituant dans la société les deux grandes divisions des maîtres et des esclaves, dont l'une dévorait ce que produisait l'autre; en immobilisant de la sorte la liberté et la richesse dans la première, et dans la seconde la servitude et la pauvreté, le paganisme avait fait d'une loi d'égalité une loi de privilége, de la race humaine une chose, et de la société un champ de bataille et un marché, où il n'y avait de droits que la force et l'argent. C'est ainsi que les antiques républiques de Sparte et de Rome, offertes en exemple aux peuples de notre temps, ont entendu la liberté, l'égalité, le travail, le progrès, dont Dieu a fait aux hommes une condition de bien être moral et physique, et aux sociétés une loi de durée. « La plupart des arts mécaniques, disait Xénophon, corrompent le corps de ceux qui les exercent, et on n'a du temps ni pour ses amis ni pour la république ». «Jamais, disait Aristote, une bonne république ne donnera aux ouvriers le droit de cité». «Les artisans, disait Diophante, sont de droit les esclaves du public.» Et conformément à ces maximes des philosophes républicains du paganisme, la classe des ilotes était formée par les fermiers des terres, les charpentiers, les menuisiers, les forgerons, les serrurriers. Dans l'Attique et à Rome, des entrepreneurs, libres et riches, faisaient valoir la main-d'œuvre de ces travailleurs et en recueillaient tous les profits. Crassus possédait cinq cents maçons et menuisiers, qu'il mettait en location; et c'était là la source première de ses revenus dont l'immensité est passée en proverbe. Mais les arts mécaniques n'étaient point les seuls sur qui pesait cette insolente dégradation de l'humanité et du travail ; les arts que nous appelons libéraux n'en étaient pas exempts ; il y avait des rhéteurs esclaves, des grammairiens esclaves, des poètes esclaves, des médecins esclaves, matière à contrat d'échange, de vente et de louage. Et comme si dans cette société triomphante du matérialisme, il fallait que la pensée humaine elle-même subit la loi de l'abaissement, un rhéteur valait moitié moins qu'un eunuque, un grammairien moins que deux cuisiniers, l'un et l'autre moins que deux bêtes de somme, et souvent moins qu'un chien qui portait comme eux sur un collier le nom du maître.

Mais cette loi du travail que Dieu avait imposée à la race humaine comme une expiation, et dont le paganisme avait fait pour l'homme et pour la société une loi de matérialisation, d'égoïsme, d'avilissement, de servitude et de mort, le christianisme l'a rendue à son essence divine : il a fait d'elle une loi de progrès, de charité, de moralisation, de liberté et de vie.

En se soumettant aux conditions de l'existence humaine, le Christ a relevé la nature morale de l'homme fait à l'image de Dieu. En naissant dans une étable, il a réhabilité la pauvreté. En travaillant à la *Boutique de son père*, comme dit Bossuet, il honora les métiers rudes et pénibles mais utiles et nécessaires et par cela même plus sociaux que les arts qui servent au luxe et au plaisir. En tenant cette boutique après la mort de Joseph pour soutenir une mère veuve et entretenir le petit commerce qui les faisait subsister tous deux, il fit du travail manuel le gage de la liberté du pauvre. En évangélisant au milieu des docteurs de la loi, il fit de la lutte avec les idées, les préjugés et l'ignorance, le principe et la fin de la pensée humaine, et du penseur un travailleur au même titre que l'ouvrier de la main de l'œuvre. En guérissant les langueurs et les infirmités, en nourrissant la multitude, il fit de la charité le travail des savants et des riches. Et en mourant sur la croix pour porter témoignage à la loi nouvelle qu'il révélait au monde, il fit du travail par les mains, par la pensée et par la charité, la grande loi de l'égalité sur la terre, arrosée ainsi des sueurs du corps, des fatigues de l'intelligence, des larmes du cœur, et produisant pour tous, au gré des temps, la liberté, la fortune, la gloire et la faveur publique, ou la servitude, la misère, l'ingratitude et le martyre.

C'est donc l'honneur et le salut des sociétés humaines que, par son exemple, le Christ ait donné à la loi du travail sa plus large acception; qu'il en ait fait une obligation rigoureuse à laquelle n'était point soumise seulement, comme disait le paganisme, cette classe particulière qui nait dans les États civilisés pour gagner son pain, exercer durant sa vie un métier pénible, et mourir sans être sortie du cercle étroit où elle est née !

C'est donc l'honneur et le salut de la civilisation française que, dans sa marche, elle ait fait disparaître une à une ces distinctions de classes, qui en perpétuant les haines, les rivalités et les défiances au sein d'un même peuple, faisaient obstacle au développement de sa puissante unité ! Avec la loi du travail, appliquée comme l'entendait le Christ, il n'y a plus ni société civile, ni société politique; il y a une société chrétienne. Il n'y a plus ni privilége, ni monopole ; il y a des droits égaux, des devoirs égaux. Il n'y a ni classes aristocratiques, ni classes bourgeoises, ni classes populaires; il n'y a plus que des classes laborieuses et des classes oisives. Et le riche comme le pauvre, le noble comme le bourgeois, comme l'homme du peuple, prennent leur place dans ces deux grandes hiérarchies, les seules hiérarchies de la société chrétienne, pour y être honorés ou méprisés au même titre. Le riche qui fait la charité, c'est-à-dire le riche qui s'occupe d'être utile aux hommes, soit matériellement, soit moralement, celui là travaille, celui là accomplit la tâche que, par la parabole du Lazare, le Christ a imposée à la richesse; il fait partie des classes laborieuses. L'artiste, le savant, l'écrivain, qui consacrent l'art et l'intelligence à moraliser la société, sont des travailleurs; ils accomplissent la tâche que Dieu a imposée à la pensée humaine. Ils font partie des classes laborieuses. L'ouvrier qui avec ses bras gagne honorablement le salaire qui le nourrit lui et sa famille, celui là encore fait partie de la classe laborieuse, c'est-à-dire de la classe honorée, car il remplit la tâche que le Christ accomplissait lui-même.

Le riche qui, replié dans son égoïsme, vit pour lui seul, et ne prend de la vie que la part des dissipations dont l'enivre la fortune ; l'artiste, le savant et le penseur qui prostituent à la dépravation les dons divins de l'intelligence ; l'ouvrier qui perd dans le désordre ou la mollesse les heures et le salaire du travail ; tous ceux qui récoltent sans avoir semé, qui consomment sans produire, ou plus qu'ils ne produisent, tous ceux-là forment les classes oisives. Dans les classes oisives, aussi, (et peut-être faudrait-il trouver une plus exacte flétrissure), il faut mettre tous les coureurs de l'agiotage, de l'usure, du trafic et de l'enrichissement scandaleux, tous les marchands qui fraudent sur la quantité et la qualité. Ces gens là ne sont pas des travailleurs, ou ils ne le sont que dans l'acception donnée à ce mot, par la langue enseignée dans les tapis-francs. Pour eux, il n'y a point de place dans la société chrétienne, car ils veulent avoir des droits sans des devoirs, des récompenses sans des travaux. Riches, penseurs, ou pauvres, ils sont sur un pied parfait d'égalité ; ils sont à la société, ce que sont à la végétation les excroissances parasites qui en dévorent la sève. Seulement les uns sont à la cîme de l'arbre et les autres aux pieds. Les uns tombent aux coups du vent des révolutions de la fortune ou de la politique, et les autres sont balayés, en passant, par la police et le bourreau. Les uns sont les égoïstes et les parvenus, les autres sont les mendiants et les voleurs.

Ainsi, en se disant le journal des classes laborieuses, la *Boussole* a voulu proclamer le grand fait par lequel devait se préparer et se développer le salut de la société moderne. Elle s'adresse donc à tout ce qui, riche, pauvre, penseur ou artisan, fait œuvre morale de sa richesse, de son intelligence ou de ses bras. Elle veut dire aux uns et aux autres, qu'ils sont fatalement, providentiellement unis par des nœuds, que nul d'entre eux ne peut briser sans se nuire à lui-même ; qu'ayant mutuellement des droits et des devoirs à remplir les uns envers les autres, il n'est permis à aucun d'avoir de la haine, du mépris, et même de l'indifférence, celui-là, pour celui-ci, ou celui-ci, pour celui-là. Que si l'ouvrier, sans l'assistance, les besoins et le luxe du riche, n'avait ni travail, ni salaire, ni pain ; le riche, en compensation, serait dans une position misérable au milieu de son or, sans les bras, le talent et l'activité du pauvre. Qu'ainsi le riche, le penseur et l'ouvrier, qui remplissent les obligations divines et humaines de leur existence, sont mis dans une dépendance mutuelle ; qu'ils ne doivent voir les uns dans les autres que des associés nécessaires au bonheur de tous et de chacun. Que devant cette grande loi, de la mutualité par le travail des bras, de l'intelligence et de la charité, il n'y a plus d'inégalité de conditions qui ne puisse être franchie, ou du moins rendue légère ; et qu'enfin, il n'y a réellement d'autres ennemis des riches et des pauvres, d'autres hommes dignes de haine et de mépris, que ceux qui ne remplissent point le travail attaché à leur condition dans la vie sociale.

Grandeur de la bourgeoisie.

Depuis sa résurrection le poète Barthélemy a eu, il faut le dire, fort peu de ces bonnes fortunes de pensée et de style qui, avant sa chute, l'avaient rendu si célèbre. Toutefois, sous ce titre : *Les impuissants,* synonyme poli d'un terme de dégradation, il vient de faire du honteux fonctionnement de notre monopole de bourgeois une peinture d'autant plus vraie qu'elle est moins flattée, et dans laquelle l'indignation et le mépris se font jour par quelques-uns de ces vers d'une harmonie sauvage, qui rappellent le bon temps de l'ancienne *Némésis* :

> Que diraient les acteurs des paternelles gloires,
> Si ces ombres, sortant d'entre les tombes noires,
> Se montraient tout à coup aux yeux de leurs enfants
> Sur un sol encor chaud de leurs pas triomphants ?
>
> . . . .
>
> « Vous n'avez donc plus rien au fond de vos artères
> » De ce sang qui bouillait dans nos cœurs militaires ?
> » Et nous sommes réduits à n'avoir d'héritiers
> » Que vous, bourgeois crétins, égoïstes rentiers !
> » Quoi ! le fils a déchu du type de l'ancêtre !
> » Dans l'antre du lion le renard a pris l'être !
> » Et, couvés lâchement dans vos tièdes recoins,
> » Les œufs de l'aigle ont donc enfanté des pingouins ! »
>
> . . . .
>
> Oui, tels furent les jours de la splendeur française :
> Le siècle où nous vivons en forme l'antithèse.
> Dès qu'un acier barbare a hongré l'étalon,
> Dont la course égalait le vol de l'aquilon,
> Dont les rouges naseaux soufflaient le cri de guerre,
> Son cœur atrophié n'a plus qu'un sang vulgaire.
> Le front bas, l'œil vitreux, au bâton du fermier
> Il se courbe sans peine, et porte du fumier

Ainsi rappetissé de courage et de taille ;
Mais content de ne plus servir à la bataille,
L'homme dégénéré se résigne aux fardeaux.
Que des maîtres grossiers entassent sur son dos.

. . . .

Sa tête, qui jadis rayonnait d'espérance
En contemplant aux cieux l'étoile de la France,
S'abaisse désormais au terrestre limon ,
Comme pour y chercher des mines de charbon.
Pourquoi lui parlez-vous d'honneur et de patrie?
L'aride faim de l'or, la rapace industrie ,
Voilà les seuls ressorts de son pouls indolent.
Automate de chiffre, il marche en calculant.

. . . . , ...

Ne vous étonnez pas de cette décadence ;
Ceux même aux mains de qui notre espoir se condense.
Se gorgent les premiers , dans un large abreuvoir,
Du laudanum mortel que verse le pouvoir;
Leur volonté se courbe à sa volonté seule.
Pareils à des chevaux attachés à la meule ,
Sous l'œil ouvert du maître , aveugles somnolents,
Dans un cercle éternel ils tournent à pas lents.
Cette bassesse était réservée à notre âge ;
Le Système se fait un titre d'un outrage ,
Et pour digne symbole a lui-même adopté
La borne, emblème froid de l'immobilité.
Non , jamais, même au temps des mœurs les plus caduques ,
Les hommes n'avaient fait leur gloire d'être eunuques.

. . . .

L'océan tout entier passant sur votre front ,
Jamais de Taïti n'y laverait l'affront.
Pendant que vous fouillez de vos doigts impudiques
Le rouilleux arsenal des hochets héraldiques ;
Que vous reconstruisez le pal et des chevrons
Pour des bourgeois masqués en comtes ou barons,
Notre vieil écusson , que l'étranger bafoue
Chaque jour , disparaît sous des taches de boue ;
Et vos sordides mains flétrissent à la fois .
La triple fleur de lys, l'aigle et le coq gaulois.

Appel aux riches.

—◉|◉—

L'énergique et spirituel auteur de l'*Histoire de dix ans* (Révolution de 1830), l'un des écrivains de ce temps, qui avec une intelligence haute, un cœur ferme et une conscience honnête, ont le plus courageusement sondé les plaies de notre organisation politique et sociale ; M. Louis Blanc, vient de placer les lignes suivantes en tête de la quatrième édition de son livre sur l'*Organisation du travail*.

C'est à vous, riches, que ce livre s'adresse, puisqu'il y est question des pauvres ; car leur cause est la vôtre.

Dernièrement, au milieu de vous, dans Paris, au bruit des réjouissances voisines, un pauvre enfant est mort gelé derrière une guérite. Le fait a été publié comme un simple accident : il n'a étonné personne.

S'il n'y avait que des douleurs exceptionnelles et solitaires à soulager, la charité y suffirait peut-être. Mais le mal a des causes aussi générales que profondes ; et c'est par milliers qu'on les compte, ceux qui, parmi nous, sont en peine de leur vêtement, de leur nourriture et de leur gîte.

Comment cela est-il possible ? Pourquoi, au sein d'une civilisation si vantée, cet abaissement tragique et cette longue agonie de la moitié des humains ?

Le problème est obscur. Il est terrible. Il a provoqué des révoltes qui ont ensanglanté la terre sans l'affranchir. Il a usé des générations de penseurs. Il a épuisé des dévouements d'une majesté toute divine. Voilà deux mille ans déjà que des nations entières s'agenouillent devant un gibet, adorant dans celui qui voulut y mourir le sauveur des hommes. Et pourtant, que d'esclaves encore ! Que de lépreux dans le monde moral ! Que d'infortunés dans le monde visible et sensible ! Que d'iniquités triomphantes ! Que de tyrannies savourant à leur aise les scandales de leur impunité! Le rédempteur est venu ; mais la rédemption, quand viendra-t-elle ?

Le découragement, toutefois, est impossible, puisque la loi du progrès est manifeste. Si la durée appartient au mal, elle appartient aussi, et bien plus encore, à cette protestation de la conscience humaine qui le flétrit et le combat ; protestation variée dans ses formes, immuable dans son principe ; protestation immense, universelle, infatigable, invincible.

Donc, la grandeur du problème ne nous doit point accabler. Seulement, il convient de l'aborder avec frayeur et modestie. Le résoudre, personne en particulier ne le pourrait ; en combinant leurs efforts, tous le peuvent. Dans l'œuvre du progrès universel, que sont, considérés l'un après l'autre, les meilleurs ouvriers? Et néanmoins, l'ouvrage avance, la besogne du genre humain va s'accomplissant d'une manière irrésistible, et chaque homme qui étudie travaille, même en se trompant, à l'œuvre de vérité.

Aussi bien, rendre son intelligence attentive aux choses dont le cœur est ému, donner à la fraternité la science pour flambeau, penser et sentir à la fois, réunir dans un même effort d'amour la vigilance de l'esprit et les puissances de l'âme, se faire dans l'avenir des peuples et dans la justice de Dieu une confiance assez courageuse pour lutter contre la permanence du mal et sa mensongère immortalité... est-il un plus digne emploi du temps et de la vie?

Sans doute, le livre lui-même de l'*Organisation du travail*, est d'une école socialiste autre que celle de la *Boussole ;* mais les quelques lignes que nous venons de reproduire en sont d'autant plus remarquables! Parti d'un point de départ qui n'est point le nôtre, cherchant à faire prévaloir des voies et moyens d'organisation qui ne sont pas les nôtres, M. Louis Blanc arrive cependant à l'une de nos conclusions : le patronage bienveillant des classes riches et intelligentes, sur les classes populaires. Là est le salut de la société ! Que ce patronage donc, soit l'Arche de l'Alliance nouvelle entre ces riches et ces pauvres, que depuis soixante ans les intérêts de la domination exclusive des classes moyennes se sont efforcés de séparer, de rendre ennemis, en surexcitant les terreurs des uns pour les abaisser, et les défiances des autres pour les asservir.

D'une enquête sur le sort des travailleurs.

Le député de Mamers, a déposé sur le bureau de la Chambre, des pétitions revêtues de plus de quarante mille signatures, et par lesquelles plusieurs grandes villes de France appellent l'attention du pouvoir sur le sort des classes ouvrières, et le somment d'avoir à faire faire une enquête à ce sujet.

Une enquête !! Oui; des bureaux, des commis-voyageurs appointés, des paperasses, des cartons !... Pour interrogateurs, des intéressés, pour témoins, des intéressés, pour juges, des intéressés ! Oui! enquête, requête, contre-enquête !

Après tout cela des commissions ! après les commissions les rapports ! après les rapports des discours, et quels discours ! et au bout de deux ou trois ans on avouera qu'*il y a quelque chose à faire;* et puis le silence, l'oubli ! Rien ! de peur de mal faire. O siècle de procureurs, de formalistes, de bavards, d'écrivassiers et de temporiseurs, que le nôtre ! Vous voulez une enquête? L'immoralité, la dégradation, la misère, le chômage, le mensonge de la libre concurrence l'écrivent chaque jour dans les registres des institutions de charité publique et privée, dans ceux de la police, de la Morgue, du tribunal de commerce, de la Place du Châtelet, ou de la salle des commissaires-priseurs. Faites vous apporter tous ces registres, compulsez-les, et en huit jours, votre enquête sera terminée. Faites mieux, allez stationner un jour, de midi à 4 heures, devant la maison chrétienne du *placement gratuit des ouvriers*, et dans le va et vient de soixante dix mille travailleurs inoccupés dans Paris seulement, vous en apprendrez plus que vous n'en voudriez savoir, pour la tranquillité du sommeil de vos consciences.

Voulez-vous en connaître les causes? Nous prenons, nous, l'engagement de vous les révéler une à une, en faisant la part de chacun et de tous. Car ces causes, nous les avons étudiées depuis longtemps. Elles tiennent en grand nombre aux travailleurs eux-mêmes, c'est la vérité; mais aussi nous vous le dirons : c'est votre faute ! les travailleurs sont ce que les ont faits l'égoïsme et la fureur de l'enrichissement qui matérialisent notre société. Et cette enquête, que nous aurons terminée avant que vous n'ayez commencé la vôtre, vous apprendra que les plaies qui dévorent l'industrie et le travail en France, sont les fruits de l'organisation même de ce travail et de cette industrie.

Elle vous dira que si la misère et les vices des travailleurs, sont principalement les résultats des conditions même de leur travail, de leurs alentours et des circonstances dans lesquelles ils vivent, ils le sont surtout des conditions et des circonstances que leurs maîtres leur font. Elle vous dira aussi que ce n'est peut-être complétement la faute ni du maître ni de l'ouvrier. Lorsque, pour le compte d'une liberté illimitée, rêve de fous ou de méchants, elle a fait table rase de toutes les institutions de notre vieille société chrétienne, l'école matérialiste de l'enrichissement a agi par contre-coup sur le caractère et sur le cœur de l'homme; et les mœurs en sont demeurées affectées. Elle a rendu le maître et l'ouvrier étrangers l'un à l'autre. Oh ! sans doute nous le savons, il ne peut y avoir communauté parfaite entre eux; mais dans cette France nouvelle, qui ne forme presque plus qu'un immense atelier, qu'il est petit le nombre des maîtres qui s'occupent des mœurs, des sentiments et du sort de leurs ouvriers! Et qu'il est grand au contraire le nombre des maîtres qui n'ont jamais un mot d'encouragement pour eux, qui ne les voient jamais hors des ateliers, qui ne leur adressent jamais la parole si ce n'est pour les brutaliser, ou qui ne répondent à leurs questions ou à leurs prières que par un monosyllabe dur et offensant? Hélas ! combien sont-ils les maîtres qui s'informent de la position, de la santé des travailleurs, de celle de leurs femmes et de leurs enfants, de leur moralité et de leur instruction, qui les font soigner quand ils sont malades, qui conservent à chacun d'eux son métier et son emploi pour le lui rendre lorsqu'il a recouvré la santé, qui s'imposent même des sacrifices pour prévenir leur chômage, et qui leur viennent noblement, chrétiennement en aide dans toutes les occasions? Mais combien l'industrie abonde au contraire en maîtres qui spéculent sur l'imprévoyance, la faiblesse, les vices des ouvriers; qui emploient tous les moyens de faire des retenues sur leur modique salaire, et qui, joignant un mauvais raisonnement à un mauvais cœur, se justifient en disant qu'il est bon que l'ouvrier soit toujours aux prises avec le besoin, parce qu'alors l'ouvrier ne donne pas de mauvais exemples à ses enfants, et que sa misère est le garant de sa bonne conduite! Qu'ils sont en grand nombre surtout ceux qui regardent les ouvriers comme des machines à produire, dont on se sert tant qu'elles procurent des produits, mais qu'on jette sans regret au rebut quand on peut les remplacer avantageusement par de nouvelles! Aussi, que de pauvres ouvriers malades qui deviennent ce qu'il plait à Dieu, sans que leurs maîtres, qui les ont payés il est vrai jusqu'à la dernière heure de la production, s'enquièrent jamais plus s'ils meurent ou s'ils vivent! Que de *vieillards de quarante ans* envers qui on saisit la première occasion de ne plus leur donner de l'ouvrage, pour peu que le bras semble devenir faible, la main moins habile et le travail plus lent, sans que le maître s'inquiète de ce que va devenir cette machine d'os, de chair et de sang qui s'est usée à son service, et qui va n'avoir plus ni pain, ni asile, ni vêtement, juste à l'époque où il lui en faudrait davantage!

Aussi, à la place de ce patronage, de cette sollicitude du maître, que, sous la vieille organisation de l'industrie française, l'ouvrier rendait en dévouement et en affection, cercle replié sur lui-même des généreux sentiments qui font la société et la famille chrétienne; il n'y a presque plus aujourd'hui, sauf de bien rares exceptions, d'un côté rien qu'indifférence, égoisme, dureté, abandon, exploitation sans entrailles; et de l'autre côté, rien que désaffection, jalousie, irrévérence, haine et vol! Oui le vol! le vol des matières premières, que, pour comble de malheur, l'ouvrier avoue sans honte, et qu'il justifie à ses propres yeux et peut-être à ceux des autres, en disant qu'il est une compensation, la seule qui se trouve en son pouvoir, du tort que lui causent les retenues injustes faites souvent par le maître sur le prix de la main-d'œuvre, sous prétexte de fabrication défectueuse!

Oh! certes, dans un pays où le premier venu, sans que la législation donne le moindre droit de s'y opposer, peut appeler à lui des populations nombreuses d'ouvriers, pour en employer les bras suivant son intérêt, pour en user et en abuser à discrétion ou à indiscrétion, sans qu'aucune garantie d'existence, d'avenir, d'amélioration physique ou morale soit exigée de sa part, ni donnée à cette population, ni même à la société; dans un pays où, sans qu'il en résulte pour lui d'autre malheur que le droit d'un bilan ou l'obtention amiable d'un concordat, s'il a manqué de sagesse ou d'habileté, ou si même il lui a pris fantaisie de jouer sa fortune ou celle de ses associés contre l'habileté de ses concurrents, le premier venu peut jeter impunément sur le pavé toute une population usée, épuisée à son service... Oh! certes, il ne faut point s'étonner que, dans ce pays, il n'existe entre le maître et l'ouvrier d'autres rapports que les rapports qui existent entre la machine et le machiniste. Le machiniste fait fonctionner la machine jusqu'à la détraquer; à son tour, un beau matin, la machine broie ou fait sauter le machiniste.

Association des Classes laborieuses.

AVANT-PROPOS.

C'est vainement qu'on demanderait à la législation passée, présente ou future le remède aux maux que nous venons de signaler. Les vampires du peuple, ceux qui s'engraissent de ses sueurs et lui offrent en retour le dédain d'abord, puis la flétrissure par le bourreau ou par la Morgue, et s'il lève la tête, le bâton du sergent de ville soutenu par les bayonnettes intelligentes, ceux-là dominent et écrasent la patrie.

Électeurs probes, députés probes, jurés probes, fonctionnaires probes, quelles que soient vos livrées, vous faites les lois, vous les interprêtez, vous les appliquez selon votre bon et féal plaisir.

Maçons du système, vous voulez fonder une nouvelle mais ignoble féodalité.

Qui brisera ces fourches caudines dressées par vous, race de pygmées que désormais nous appellerons *argentocrates*, puisque vous ne méritez plus celui de bourgeois?

Quel sera contre vous l'étendard de la France? Quel l'arbre tutélaire des intérêts du peuple? Nous l'avons dit : *la Croix!* Quelle la charte éternelle des sociétés régénérées? L'Évangile. Nous vous l'avons dit dans notre article sur l'association des classes laborieuses.

Une organisation provisoire qui promet des développements rapides nous permet d'annoncer que les mardis et samedis, dans nos bureaux, des comités de jurisconsultes, et tous les jours des pharmacies et cabinets de médecins dans tous les quartiers de Paris, sont ouverts aux porteurs de cartes délivrées à tout ouvrier abonné de la *Boussole* ou acquéreur, au prix de *cinquante centimes*, d'un recueil de nos principales publications du mois écoulé.

En invitant nos lecteurs et leurs amis à nous aider dans le patronage des ouvriers , nous devons expliquer clairement sans arrière-pensée et sans préoccupation pour aucun parti politique , comment sous ce rapport nous comprenons la société chrétienne, et comment nous suivons notre devise :

Autorité, Liberté, Travail, Moralisation, Fraternité, Patronage.

Etendre à toutes les catégories d'ouvriers les bienfaits de l'association dont plusieurs recueillent les avantages ; augmenter indéfiniment pour celles-là la masse des secours qu'elles tirent de la mutualité ; dans un avenir prochain , amener par le sentiment bien entendu de leur intérêt, les corps d'état, qui ne l'ont pas fait, à fonder des sociétés ou à se réunir à d'autres qui existent déjà... tel est le but immédiat de l'œuvre de la *Boussole*.

Ainsi sauvegardé contre l'empirisme des charlatans et la rapacité des juifs de toute espèce, l'homme laborieux pourra, dès à présent, appliquer à d'autres besoins sa part dans la répartition des fonds par lui mis en commun avec ses camarades. Et ce n'est là qu'une faible partie du bien que dans l'avenir il pourra retirer de notre œuvre sociale.

Chrétienne, elle réunit ceux que le Christ appelle frères. Tous sont appelés à cette grande et évangélique communion par le sentiment de l'amour et du devoir ; tous, sans chercher dans les combinaisons purement humaines des garanties que la cupidité rend trop souvent illusoires , s'en rapportent à Dieu et aux hommes de cœur, dont il fait les gardiens de l'obole destinée aux enfants de sa prédilection.

Si cette œuvre de la charité mutuelle allant au devant des besoins, fondant une famille chrétienne , se développe comme nous l'espérons, qui peut dire où elle s'arrêtera dans un siècle que l'on se plaît à appeler un siècle de progrès et de lumières ?

Née à Paris, c'est Paris qui en recueillera les premiers fruits, Elle moralisera l'ouvrier par l'exemple, par le travail et la lecture ; elle l'assurera contre les chances qui le conduisent, jeune encore, aux hôpitaux; et qui, s'il vieillit, lui offrent pour perspective l'abandon et la misère. Tandis qu'avec l'aide de Dieu et le concours de ses frères, elle peut et doit créer ou alimenter des institutions de toute espèce, directement utiles à l'ouvrier, puisqu'il doit être providentiellement possible d'adoucir la dernière période de sa vie.

Si l'ouvrier a confiance en nous; si, d'autre part, l'homme qui vit sans le secours de ses bras veut s'associer aux hommes qui nous donnent une part de leur temps ou de leur superflu, quelles ne sont pas nos espérances !

Les classifications du vieux temps sont presque aussi antipathiques aux Français de nos jours que les vieux priviléges.

Riches, pauvres, nobles, bourgeois, prolétaires, nous ne pouvons pas nous séparer en castes distinctes, et par conséquent jalouses et rivales. Mais, dans l'intérêt de tous, nous sommes destinés à nous réunir en une seule et grande association d'hommes libres, au cœur généreux, à l'âme chrétienne, que nous appelons la classe laborieuse.

Le nom de Vincent-de-Paule est à nos yeux aussi noble que les plus nobles de notre histoire; de vieux blasons s'inclinent devant le nom modeste et populaire de S.-C..., et saluent avec respect la sœur R.... Nous proclamons avec l'Evangile que, dans la société chrétienne, il n'y a ni gentilshommes, ni roturiers; nul n'y vaut que par ses œuvres, et ses hauts barons seront ceux qui auront le plus fait pour la civilisation, la patrie et l'humanité.

Les Fondateurs de la Boussole.

L'enfant du pauvre.

La mendicité es aujourd'hui une denrée, un travail, un produit, qui a ses marchands e ses acheteurs ; elle est l'objet d'un commerce de banque et d'échanges, d'une véritable traite organisée par une des branches dégradées de l'industrialisme cupide et sans entrailles, qui tarit chez nous jusqu'aux plus simples sentiments de l'humanité. La mendicité a ses actes de société, ses apports, ses mises de fonds, ses gérans et sans doute aussi ses commandites et ses actionnaires : mise en scène quotidienne, considérablement augmentée et perfectionnée de la gueuserie de la cour des Miracles ou du Guzman d'Alfarache de Lesage. Hélas ! la réalité en ce genre a laissé bien loin derrière elle, de nos jours, le roman et le moyen-âge.

Dans les séances du tribunal de police correctionnelle de Paris ne voit-on pas figurer trop souvent de petits enfants arrêtés sur la voie publique et flanqués de deux gendarmes, sous prévention de vagabondage ? Quand le juge leur demande s'ils n'ont personne qui les puisse réclamer, ils répondent que leurs parents sont au pays. Quand le juge leur demande où la police les a ramassés : ils répondent que, depuis quelques jours, ils n'ont d'autre asile que le porche de quelque église bien vieille, perdue dans quelque recoin obscur de la vieille capitale. Les églises nouvelles, en effet, bâties selon l'esprit de la foi mondaine du nouveau Paris, entourées de grilles, ne sont pas exposées à voir le pauvre s'en aller sous leurs superbes colonnades, avec lesquelles ses haillons feraient un contraste accusateur, pour chercher un abri contre le vent de la nuit, les pluies et les neiges de l'hiver. Il semble que nos maçons modernes aient oublié que les églises sont la demeure du Maître qui a dit : « Laissez venir les enfants jusqu'à moi. » Mais si le juge insiste et veut savoir où le pauvre petit logeait la nuit qui a précédé celle qu'il a passée à grelotter au seuil de la maison de Dieu, l'enfant ne répond plus et se met à pleurer. C'est que, tout en roulant dans sa main son bonnet de laine de prisonnier, il a vu, du coin de l'œil, s'avancer du fond de la salle un homme au regard faux, aux traits anguleux et durs, aux lèvres arides et pincées. Cet homme vient réclamer sa propriété, qui lui fait défaut depuis huit ou dix jours, qui cesse de produire et lui cause ainsi un préjudice, une perte notables, pour lesquels, s'il osait et s'il savait à qui s'adresser, il semble prêt à demander des dommages et intérêts... Oui, cet enfant à l'air si candide, si timide, au visage barbouillé de suie, et pourtant si frais, aux dents si blanches, aux lèvres si roses, et qui vous a dit, d'une voix à vous déchirer l'âme : « mes parents sont au pays ; » cet enfant est la propriété de cet homme qui porte sur sa face aiguë le type de la cupidité la plus sèche, la plus implacable ; cet enfant lui appartient, car il le nourrit, il l'habille, il le loge, il l'a pris en location par un contrat en bonne et due forme ; le notaire et l'enregistrement y ont passé, rien n'y manque. La loi qui doit être athée, comme l'a dit un légiste de nos jours, la loi rend donc l'apprenti au maître qui, en sortant, promet bien que l'enfant ne lui échappera plus. Et l'enfant, alors, de protester, de se tordre, de pleurer, de conjurer le juge de le condamner comme vagabond, parce qu'il aime mieux le pain, le vêtement et le lit de la prison, que le pain, le vêtement, et le logement donnés par un maître exigeant qui le bat ; et le maître de le traiter de paresseux, de gourmand, de petit voleur même. Or, savez-vous maintenant tout ce qu'il y a en réalité d'inhumanité, de cupidité, d'industrialisme bas et cruel la plupart du temps au fond de tout cela ? Le voici.

Par une belle soirée de la fin du mois de septembre, à l'heure où les dernières lueurs du jour luttent contre les vapeurs et les brumes qui montent du fond de la vallée riante que dominent sur les hauteurs les grands bois et la flèche aiguë du clocher de Montmorency ; sur la route de Saint-Leu, où s'accomplit à une espagnolette l'ignoble et mystérieux drame de la mort du dernier Condé ; non loin des sentiers bordés de pommiers et de ceps de vigne qui conduisent à cette large mare d'eau que les Parisiens appellent pompeusement le lac d'Enghien ; devant le jardin tout chamarré de fleurs, tout ombragé de grands arbres que baignent des eaux fraîches et limpides, de l'honnête pépiniériste dont l'enseigne et la maison rustique touchent à l'avenue de peupliers qui aboutit au blanc village de Soisy, une troupe de cinq ou six petits garçons cheminait en désordre, piteusement, tirant l'aile et traînant le pied comme le pigeon de la fable, affaissés sur les genoux, et portant sur le dos, sur les épaules ou sur les bras les vielles criardes ; les singes grimaciers et empanachés, les boîtes à marmottes et je ne sais quels autres *instruments de travail* dont la charité des passants et la curiosité des petits enfants ont fait un gagne pain pour les émigrants de l'Alsace, de l'Auvergne et de la Savoie. Ces petits bohémiens de notre civilisation superbe semblaient être menés en laisse par l'un de ces odieux réclamants de vagabonds près la sixième chambre du tribunal de Paris, car on les voyait régler leur marche sur celle de cet homme qui allait en avant, et, de temps en temps, égaliser, par la rapidité et le nombre de leurs pas, les dimensions de ses enjambées. Un seul de ces enfants se tenait loin, bien loin derrière. Il ne paraissait cependant ni malade, ni trop fatigué, il avait même un air robuste, frais et avenant; mais on remarquait dans tout son ensemble une certaine anxiété : et par le mouvement nonchalant de ses jambes, il semblait opposer une résistance d'inertie à une volonté plus forte qui l'entraînait, et retarder ainsi la venue d'un moment désagréable. Sous son costume délabré, et s'il n'avait point tenu assis sur ses bras un gentil petit singe qui, à l'instar des chevaux d'Hippolyte, *semblait se conformer à ses tristes pensées*, on eût pu de loin le prendre pour un enfant gâté, capricieux et boudeur, qui fait la moue, et que, par châtiment, on fait semblant d'abandonner sur la route. Ses camarades étaient passés sans trop s'inquiéter des folies, des cris de joie et de tout le manége bondissant d'une adorée petite fille, qui, souriante et caressante, raidissant ses petits bras, voulait grimper jusqu'au cou de son père assis devant la grille du jardin, et y demeurer suspendue pour lui baiser les yeux.... Ce soir là c'était son caprice. Mais le petit voyageur, enchanté de se trouver à lui-même un prétexte d'arriver moins vite, s'arrêta devant eux. Ses bonnes grosses joues se colorèrent ; et la tête penchée, il regarda avec un intérêt marqué cette lutte enfantine. A son vague et triste sourire, à ses yeux humides, il était aisé de comprendre qu'elle éveillait en lui les souvenirs d'une époque récente qu'il regrettait, hélas! et qui avait fui. Je ne sais à quelle opération son intelligence se livra, et si son instinct lui dit que ce père, avec lequel s'ébattait si joyeusement une petite fille, devait goûter un bonheur si grand qu'il ne pourrait pas rester froid à la prière d'un autre enfant plus malheureux. Il fit un pas, il en fit deux. On ne le trouva pas importun ; nulle voix colère ne lui ordonna de passer outre ; la petite fille suspendit ses folies pour regarder le singe qui ne lui causait pas d'effroi; bien plus, obéissant instinctivement à une sorte d'habitude, elle glissa ses mains dans les poche du gilet de son père. Il comprit alors que le moment était venu de demander ce qu'il pressentait qu'on voulait lui donner : — Monsieur, dit-il, de son fausset le plus doux et le plus traînant... monsieur, deux petits sous, s'il vous plaît.

—Deux? et pourquoi pas un seul, lui dis-je, comme si j'avais été frappé de l'idée subite que, sous cette fixation inusitée du chiffre de l'aumône, il y avait une énigme dont j'allais trouver le mot.

— Ah! c'est que... Il balbutia, se troubla, et ses yeux se portèrent sur la bourse à grains d'acier luisants, que la petite fille avait trouvée et tenait dans ses mains. Cette vue lui rendit l'espérance et le courage que ma brusque répartie lui avait fait perdre; car il reprit sur le ton d'une grande confidence qu'il allait me faire :

— C'est que je n'ai que dix-huit sous.

Alors il s'établit entre cet enfant et moi la conversation qui va suivre, et que, malgré tout le caractère sérieux de ce journal, on voudra bien me permettre de rapporter tout entière, telle que je la retrouve dans mes souvenirs, telle, au surplus que je l'écrivis le soir même : railleuse d'abord de mon côté pour le piquer au jeu; toujours naïve et confiante du sien pour m'attendrir. L'indignation s'échappant en phrases énergiques contre notre état social de la domination bourgeoise, ne vaudrait pas ces aveux obtenus sur place.

— Comment, petit ambitieux, vous avez un million moins neuf cent quatre-vingt-dix-neuf mille neuf cent quatre-vingt-dix-neuf francs deux sous, et vous n'êtes pas content?

Il ouvrit de grands yeux à cet étalage d'arithmétique qui avait envie d'être plaisant; mais il ne comprit pas et il avait bien raison! Il continua comme s'il n'avait rien entendu, que les derniers mots.

— C'est que, mon bon monsieur, il me faut avoir vingt sous pour ce soir quand je rentrerai.

— Tu as donc des dettes, tu as donc engagé ta signature ou ta parole, tu es un banquier, un agent de change? — Il se prit à rire d'un gros rire naïf... — Tu veux peut-être envoyer vingt sous à ta mère...

— Oh! non, monsieur, ma mère est riche. Le bourgeois de mon bourgeois, qui vient de passer avec mes camarades, lui a donné 40 francs au pays.

— Tiens, tiens, tiens! ta mère alors aurait bien fait de te garder, puisqu'elle est riche et que le bourgeois de ton bourgeois lui a donné 40 francs.

— Ah! monsieur, vous vous gaussez de moi. Si elle m'avait gardé, elle n'aurait pas eu les 40 francs.

— Diable, tu peux être un fort logicien, mon petit homme, mais je ne comprends pas très bien; voyons, raconte-moi comment cela c'est fait. Et les yeux du petit homme ne quittaient point la bourse à grains d'acier d'où la petite fille, tout en écoutant, avait machinalement retiré une pièce blanche.

— Oh! voici, mon doux monsieur : Il est venu au pays, il y a six mois, un monsieur qui passe quelquefois par chez nous; oh! que nous le connaissions bien. Il dit comme ça à ma mère : Catherine, si vous voulez me donner votre petit Pierre, je l'amenerai avec moi en France, à Paris, et je vous donnérai 40 francs, comme je les ai donnés pour son aîné, à Marion, la pauvre veuve du charron qui est mort, et qui sans cela n'aurait pas pu être enterré, et à la vieille grand'mère des deux petits Bastien qui n'avait pas de quoi payer le percepteur et dont on aurait vendu les meubles.

— Quoi que vous lui apprendrez donc à mon enfant, lui dit ma mère?

— Oh! comme aux autres, ma chère Catherine, un bon état, et, dans trois ans, il vous reviendra bien formé, bien portant et capable de gagner sa vie et la vôtre...

— Eh bien! mais tout ça, repris-je, ne me dit pas pourquoi il te faut 20 sous.... et puisque tu as un bon état...

— Ah! il est joli l'état, monsieur! allez! je voudrais bien être au pays.

— Mais tu ne peux pas y aller avec 20 sous.

— Ni avec 20 sous, ni avec rien du tout. Mon bourgeois m'a dit qu'il me ferait rattraper par les gendarmes, comme l'autre fois.

— Ah ça, voyons, que me contes-tu là?

— Quand le monsieur eut donné les 40 francs à ma mère et lui eut fait signer un papier timbré, il m'amena avec lui et aussi le fils de Marion et les deux petits Bastien qui sont là bas devant. Quand nous fûmes arrivés à un autre village, il nous remit à un homme, qui est notre bourgeois aujourd'hui, et qui nous conduisit à Paris. En route, quand nous fûmes arrivés en France, notre bourgeois nous dit qu'il n'avait guère plus d'argent et qu'il fallait demander un petit sou à tous ceux que nous rencontrerions dans les rues ou sur les chemins... Il nous montra comment il fallait faire; il nous enseignait des chansons; il nous faisait danser comme dans notre pays; chanter et jouer de la manivelle; il a donné une marmotte à Pierre, et à moi mon petit Jack que j'aime bien... Quand nous avons passé une journée dans une petite ville, si c'est un dimanche, il faut que le soir, avant de nous coucher, chacun de nous lui rapporte 20 sous; autrement, gare! en avant les coups de pied et les coups de poing, et au lit sans souper, et le lendemain, avant de se remettre en route, encore des coups de pied, des coups de poing et la moitié de la ration d'un pain de chien. Quand ça a duré cinq ou six jours sans pouvoir jamais apporter les 20 sous, il nous enlève nos marmottes, nos singes, nos manivelles... Il dit que nous n'y entendons rien, et il nous fait passer à la section des pleureurs et puis à celle des estropiés.

— Qu'est-ce que cela, les pleureurs?

— Eh monsieur, vous savez bien, à Paris, le soir, sur les boulevards, il y a de petits enfants qui se couchent par terre, qui pleurent, qui pleurent comme si on venait de les rompre de coups ou qu'ils se fussent perdus. Eh bien, ce sont des pleureurs, ceux de notre bourgeois ou d'un autre; et quand ils ne pleurent pas assez, les bourgeois qui font semblant de se promener, leur pincent les bras, comme si de rien n'était, ou leur disent qu'ils auront dix coups de fouet de plus... et alors on pleure de bon cœur, allez...

— Et les estropiés, qu'est-ce que c'est?

— Ce sont les pleureurs: quand ils ont passé huit jours sans rapporter les 20 sous, on leur fait enfler les jambes, les bras, la figure et les mains à volonté, parce que le bourgeois s'imagine qu'ils n'ont pas assez bien pleuré, et qu'en les voyant estropiés, on aura plus de compassion d'eux. Ça ne manque pas, allez, on a tant de mal, ça vous cuit tant; qu'il faut bien pleurer par force.

— Et d'où viens-tu, mon petit ami?

— D'Eau-bonne; vous savez bien que c'était la fête aujourd'hui, et ce matin, au petit jour, notre bourgeois nous a dit: je vais vous amener à la campagne pour vous bien divertir, vous y pourrez *travailler* joliment. Pendant qu'il était à boire au cabaret, en avant la vielle, la marmotte et mon pauvre Jack qui a joliment mangé des croquignolles!.. Mais quoique ça, tout de même, je n'ai ramassé que 18 sous... et comme voilà six jours que ça m'arrive, demain, bien sûr, le bourgeois m'enlèvera mon pauvre Jack. Et en disant cela, le petit Pierre se sentit tout prêt à commencer le rôle de pleureur qu'on devait lui infliger le lendemain.

— Voyons si tu n'as que dix-huit sous. C'était vrai, le petit Pierre n'avait pas menti. Et si je t'en donnais vingt, qu'en ferais-tu?

— Oh! le bourgeois serait bien content: ça lui ferait trente-huit sous.

— Comment? trente-huit sous...

— Oh mon Dieu, oui, il nous fouille en arrivant; s'il ne trouve pas les vingt sous, il nous bat; s'il en trouve davantage, il les prend.

— Mais si le lendemain vous ne rapportez pas les vingt sous complets, sans doute il fait entrer le surplus de la veille en compensation.

— Oh que non, mon cher monsieur! (le petit homme se familiarisait).

Il lui faut les vingt sous, quand même la veille nous aurions apporté cinq francs; et si, pour ne pas avoir le fouet, nous lui parlons des cinq francs, il répond qu'il ne s'en souvient pas.

— Et au bout de trois ans, quand vous retournez au pays, vous ne savez que pleurer, mendier et faire sauter les singes?

— Oh! qu'il n'y en a pas beaucoup, allez, qui retournent au pays! Plus nous approchons du terme où finit notre engagement, plus le bourgeois nous maltraite et nous fait jeûner... Nous ne pouvons pas y tenir, nous nous échappons; la police nous arrête, et cette fois le bourgeois ne vient pas nous réclamer, comme il le fait dans les premiers temps. Et alors nous allons en prison, et de la prison Dieu sait où... là où sont allés tant de petits garçons du pays, dont les mères n'ont plus entendu parler que pour en mourir de honte et de désespoir.

Oh! mon Dieu, c'était donc bien vrai ce que j'avais entendu dire, ce que je n'avais pas voulu croire de la traite barbare et nouvelle qu'un industrialisme abject allait faire au moyen d'une prime de 40 ou 50 fr., au milieu de la population pauvre de quelques provinces de la France et des montagnes de la Savoie. Elle se fait effrontément, journellement sous les yeux de l'administration, de la magistrature, sous la protection et la garantie du titre du contrat de louage dans le Code civil. Elle se fait aussi dans les paroisses de l'Angleterre; les engagés sont exportés dans les colonies des deux Indes. Et cependant nul congrès de rois, de ministres ou d'ambassadeurs ne s'est encore assemblé à Vienne ou à Vérone pour demander l'abolition de cette traite des blancs! Nulle loi des parlements de France ou d'Angleterre n'a porté contre les trafiquants qui s'y livrent la peine de mort, consentie ensuite par toutes les nations. Loin de la maudire, la philantropie l'encourage, en Angleterre, où les sociétés la font pour obtenir la diminution de la taxe des pauvres: en France, où il y aurait sans elle beaucoup moins à faire dans la société dite du Patronage-des-jeunes-libérés, tristes victimes de la pauvreté et de l'abandon qui tombent de la misère au crime, du crime dans les bagnes, dont cette traite avec 40 fr. de prime est l'abondante pourvoyeuse! Au lieu de s'associer pour redresser à grands frais, après leur chute, toutes ces âmes que la misère a viciées, ne serait-il donc pas possible de s'associer pour leur donner, et sans qu'il en coûte trop cher, tout ce qui peut ici-bas empêcher le pauvre de faillir?　　　　(Jean de Soisy.)

Paris. — Imprimerie de Lacour et Compagnie,
rue St-Hyacinthe-St-Michel, 33

SUPPLÉMENT.

Enquête sur le sort des travailleurs.

§ Ier.

Du sort des ouvriers, de l'industrie, dans les villes de fabriques.

ARTICLE I.

Il y a quelque chose de profondément triste à voir la gravité bouffonne avec laquelle les journaux du monopole des classes moyennes, et la plupart même des journaux qui lui font la guerre, se disent entre eux de leur voix la plus caverneuse et la plus doctorale : « Pour voir le point véritablement critique de la situation, c'est dans la Chambre qu'il faut regarder. »

Et qu'y verrez-vous dans la Chambre? sinon des partis réduits à l'état de fractions, des opinions passées à l'état de nuances, des principes abaissés à la taille des nécessités d'un moment, d'un homme, ou d'une dynastie. Et tout cela encore s'amoindrissant, s'effaçant, s'abaissant, se gourmant chaque jour, dans on ne sait quel pugilat plus ou moins oratoire, sans but élevé, sans patriotisme, sans dignité, sans intuition de l'avenir et presque sans foi dans le présent. Le pouvoir qui excite les appétits des ambitions, même les moins légitimes, les moins honorables et dont la déconsidération fait honte et pitié, était autrefois le but avoué de quiconque se sentait assez fort pour être le maître des hommes et des chose; il est aujourd'hui la perspective et la propriété de quiconque se sent assez humble pour en être le commis. Est-ce bien précisément d'une situation pareille qu'à votre avis naissent les grosses difficultés de notre temps? Est-ce bien de semblables conflits que, s'ils ne prennent point fin, la France doit mourir? On oublie donc que ce va et vient d'intrigues, d'ambitions, de cupidités, qui ont, pour se produire, la tribune, la salle des conférences et le scrutin secret, est considéré par les professeurs émérites du gouvernement constitutionnel, comme la base fondamentale de la domination des classes moyennes? Pour eux, l'agitation des intérêts égoïstes est la liberté; et comme la liberté n'existe pas sans l'ordre qui la garantit, il se trouve que l'ordre politique et social est constitué par cette agitation faite à la surface du monopole, c'est-à-dire dans les Chambres.

Ce n'est donc pas dans les outres parlementaires où les fils de l'Éole constitutionnel se déchaînent pour souffler sur des portefeuilles conquis, perdus ou reconquis, qu'il faut regarder pour savoir ce qu'il y a vraiment de grave et de menaçant dans l'organisme politique et social. Mais, comme nous, comme tout ce qui aime Dieu, la patrie et les hommes, les pauvres et les riches, tenez-vous à savoir où se doivent prendre vos alarmes? Regardez dans les ateliers des villes de fabriques, dans cette population toujours courbée sous la loi fatale du travail, avec ses convoitises excitées sans but possible, avec ses défiances, ses répulsions et même ses ressentiments trop justifiés par l'histoire du passé, avec son ignorance et son dédain de tout principe d'autorité, avec ses nudités, ses misères, sa faim, l'absence de toutes les croyances humaines ou divines, et l'exploitation qui en est faite soit par ceux qui pervertissent leur âme et leur intelligence, pour en faire plus facilement de la chair à canon le jour où leurs ambitions en appelleront à l'émeute de la rue, soit par ceux qui, dans la soif immodérée d'un enrichissement rapide, ne voient en eux que de la chair à machines!

C'est dans ces gouffres de gémissements et de sueurs où les lueurs même incertaines de la civilisation pénètrent si rarement, et d'où les sordides intérêts du monopole éloignent le plus possible le soleil de charité et de foi, contre lequel nulle douleur ne prévaut en ce monde; c'est dans les ateliers que nous verrons l'exposition des questions terribles de notre temps, et bien autrement inextricables, en vérité, que les embarras législatifs.

Depuis quinze ans surtout, hommes du parlement, du pouvoir et de la presse, vous avez joué avec l'agitation politique ; l'agitation est sortie de vos cénacles de rhéteurs ; et en passant dans les masses que vous avez appelées à être juges du camp de vos passes oratoires, l'agitation, de politique qu'elle était, est devenue sociale. Et celle-là, vos empiriques politiques ne la calmeront pas comme l'autre, en lui jetant des places, des emplois. quelques écus ou des habits plus où moins brodés. Celle-là, en lui jetant du plomb le jour où elle éleva son drapeau du droit à la vie et au travail, vous l'avez attardée peut-être et rendue boiteuse... voilà tout !... mais aussi vous l'avez rendue prudente et habile. Elle attend, mais comme on attend quand on se prépare... et à cela vos lois et votre police ne peuvent rien. Pour l'apaiser, pour prévenir son explosion, il lui faut des enseignements, des associations, des patronages, des institutions sociales enfin, telles que le catholicisme en avait données avant le seizième siècle, avant que le progrès social par l'Evangile eut été dévié de sa route par le protestantisme religieux, qui enfanta le protestantisme politique, et qui, à cette heure, s'épuisent l'un et l'autre dans l'impuissance, dans le rapetissement et dans le ridicule.

L'expansion de l'industrialisme a converti des villes, des contrées entières en d'immenses ateliers ; les procédés de la mécanique, en amenant un immense accroissement de produits, ont accru le nombre des travailleurs. Le principe chrétien de l'association et du patronage, regardé comme un dernier reste du vasselage, comme la portion morale de la servitude dont il fallait débarrasser les masses populaires, a été vaincu et ruiné par le principe philosophique et révolutionnaire de l'individualisme, regardé comme le triomphe le plus complet de la liberté. Le bien-être moral et matériel des classes laborieuses devrait donc être en raison directe des développements de la liberté, du travail et de la production ? Et cependant, après deux révolutions faites par le peuple, et, dit-on, aussi pour le peuple, il est des villes, des contrées, centres immenses d'industrie, où les capitaux, le travail et les bras abondent, et dont des écrivains de savoir, de courage et de foi, peuvent tracer les tableaux suivants, confirmés par les rapports officiels des autorités municipales.

« La cherté des loyers ne permet pas à ceux des ouvriers qui gagnent les plus faibles salaires ou qui ont les plus fortes charges de se loger toujours auprès de leurs ateliers ; de là, la nécessité d'aller se loger loin de la ville, à une lieue et même à deux lieues, et d'en faire, par conséquent, chaque jour, trois ou quatre, pour se rendre le matin à la manufacture, et rentrer le soir chez eux. Il faut les voir arriver chaque matin en ville, et en partir chaque soir, au nombre de plus de 5,500. Parmi eux, une multitude de femmes pâles, maigres, marchant pieds nus, au milieu de la boue, et qui, faute de parapluie, portent renversés sur la tête, lorsqu'il pleut, leur tablier ou leur jupon de dessus, pour se préserver la figure et le cou ; et en nombre plus considérable encore, de jeunes enfants, non moins sales, non moins hâves, couverts de haillons tout gras de l'huile des métiers tombée sur eux pendant qu'ils travaillent. Ces derniers, mieux préservés de la pluie par l'imperméabilité que cette huile donne à leurs vêtements, n'ont pas même au bras, comme les femmes dont on vient de parler, un panier où sont les provisions de la journée ; mais ils portent à la main, cachent sous leur veste ou comme ils le peuvent, le morceau de pain qui doit les nourrir jusqu'à l'heure de leur rentrée au logis. »

Ainsi, à la fatigue d'une journée déjà démesurément longue puisqu'elle est *au moins de quinze heures*, vient se joindre, pour ces malheureux, la fatigue de ces allées et retours, si fréquents, si pénibles. Il en résulte que, le soir, ils arrivent chez eux accablés par le besoin de dormir, et que, le lendemain, ils en sortent avant d'être complètement reposés, pour se trouver dans l'atelier à l'heure de l'ouverture.

On conçoit que, pour éviter de parcourir, deux fois chaque jour, un chemin aussi long, les 11,000 ouvriers qui, en 1835, formaient, avec les 5,000 autres, le total des ateliers dont on parle, s'entassent dans des chambres, ou pièces petites, malsaines, mais situées à proximité de leur travail. Dans ces misérables logements, il y a souvent deux familles qui couchent chacune dans un coin, sur de la paille jetée sur le carreau et retenue par deux planches. Des lambeaux de couverture et souvent une espèce de matelas de plume, d'une saleté dégoûtante, voilà tout ce qui recouvre cette paille. La location de cette chambre, qui peut avoir dix à douze pieds en tous sens, coûte de 72 à 96 et quelquefois 108 fr. par an. Un prix aussi exorbitant tente les spéculateurs : aussi font-ils bâtir, chaque année, de nouvelles maisons pour les ouvriers de la fabrique, et ces maisons sont à peine élevées que la misère les remplit d'habitants !

Cette misère est si profonde qu'elle produit ce triste résultat, que tandis que dans les familles de fabricants, négocians, directeurs d'usines, la moitié des enfants atteint la vingt-neuvième année, *cette même moitié cesse d'exister avant l'âge de deux ans accomplis,* dans les familles des ouvriers!....

Voilà le spectacle affligeant que présente la classe ouvrière, non pas d'un pays perdu dans les terres ou dans les montagnes, d'où la topographie éloigne la civilisation, mais la classe ouvrière de Mulhouse, de cette ville qui s'accroît si vite, de ce Manchester de la France où les manufactures se développent plus rapidement encore, et qui en moins de quarante années, de 1798 à 1840, a vu sa population s'élever de 6,025 à 30,000 habitants. Ce tableau cependant est celui des temps ordinaires, des jours heureux où les fabriques sont prospères et en activité. Mais supposez une crise commerciale comme celle de 1837, une calamité qui force les fabricans à fermer les ateliers, ou à baisser les salaires : que de privations, que de souffrances, que d'absence de soins déjà si grandes sont agrandies encore ! Que de milliers d'infortunés, amaigris, perdant leurs forces, décolorés, flétris par le travail, manquant de tout moyen d'existence, cessent de vivre quand le travail a cessé.

Et cependant il y a encore plus désolé, plus dégradé, plus menaçant et plus digne de compassion que tout cela !

ARTICLE II.

Nous le répétons : Il y a en France plus désolé, plus digne de compassion que la fabrique dont nous avons parlé dans notre premier article. C'est la fabrique du département qui passe pour le plus manufacturier, pour le plus riche, et qui, à lui seul, dit-on, produit un tiers de ce qui se file, et se fabrique en France ; c'est la fabrique de l'une des plus importantes villes de guerre du royaume dont elle est une clé principale. Dans ce département, il y a 390,000 travailleurs vivant du salaire des manufactures, et sur ce nombre, 170,000 que leur travail ne peut nourrir. Dans cette ville murée dont la population n'excède pas 72,000 habitants, on trouvait, il n'y a pas cinq années, 30,000 indigents. Quatre pauvres environ sur dix personnes !.... Et quels pauvres !

Sans instruction, sans prévoyance, abrutis par la misère, énervés par des travaux sans merci, entassés dans des caves obscures, humides, ou dans des greniers exposés à toutes les rigueurs du climat du nord, ces ouvriers parviennent à l'âge mûr sans avoir fait aucune épargne et hors d'état de suffire à l'existence de leur famille, presque toujours très nombreuse. Ils sont tellement dénués, que pour satisfaire à leur première faim, des pères et souvent des mères de familles mettent en gage leurs effets et vendent les vêtements dont la charité publique ou la bienfaisance particulière, a couvert leur nudité. Un grand nombre est en proie à des infirmités héréditaires. Il s'en trouvait jusqu'à 3,687 logés dans des caves, souterrains étroits, obscurs, privés d'air et de jour, où règne la malpropreté la plus dégoûtante, et où reposent sur le même grabat les parents, les enfants, et quelquefois des frères et sœurs adultes.

Le quartier de cette importante ville, où il se trouve, (proportion gardée), le plus d'ouvriers pauvres, est celui de la rue des Etaques, du Guet et St-Sauveur, et des allées et cours étroites, profondes, tortueuses, d'où la misère s'échappe comme par autant de vomitoires.

Il comprend un espace de 200 mètres de longueur, sur 120 mètres de largeur moyenne. C'est donc une superficie d'environ 24,000 carrés, sur laquelle s'agite une population qui est encore aujourd'hui ce qu'elle était alors, de plus de 5,000 individus. Chacun d'eux a donc pour lui un terrain de huit mètres carrés, terme moyen. C'est presque comme à Paris dans les quartiers des Marchés et des Arcis. Mais à Paris, les maisons ont au moins trois étages, ordinairement quatre ou cinq, quelquefois six et même sept... Tandis que dans la rue des Etaques et dans les cours adjacentes, elles ont deux ou trois étages au plus; encore faut-il compter pour un étage les caves, qui d'ailleurs n'existent pas, bien s'en faut, au-dessous de toutes les maisons.

Les plus pauvres, d'entre les ouvriers pauvres, habitent les caves et les greniers de ces bouges superposés. Ces caves n'ont aucune communication avec l'intérieur des maisons. Elles s'ouvrent sur les rues ou sur les cours, et l'on y descend par un escalier qui en est à la fois la porte et la fenêtre. Elles sont en pierres ou en briques, voûtées, pavées ou carrelées; leur hauteur commune, encore est-elle prise au milieu de la voûte, est de six pieds à six pieds et demi!

C'est dans ces sombres et tristes demeures qui laissent bien loin derrière elles les cabanes des paysans de l'Irlande, et les huttes des sauvages de l'intérieur de l'Afrique ou de l'Océanie, qu'en plein 19e siècle, le siècle si progressif, mangent, dorment et travaillent un grand nombre d'ouvriers. Le jour arrive pour eux une heure plus tard, et la nuit une heure plus tôt.

Et puisque nous nous sommes si avancés, ayons le courage d'entrer dans ces repaires d'où sortent chaque matin des milliers de bras de chair humaine qui vont disputer leur pain aux bras de fer des machines. Eh! mon Dieu, notre superbe civilisation, dans la plénitude de son efflorescence qu'elle leur doit, a bien le courage de passer auprès sans trop détourner les yeux.

Le mobilier ordinaire de ces ouvriers se compose, avec les objets de leur profession, d'une sorte d'armoire ou d'une planche pour déposer les aliments, d'un poële, d'un réchaud en terre cuite, de quelques poteries, d'une petite table, de deux ou trois mauvaises shaises et d'un grabat dont les seules pièces sont une paillasse et des lambeaux de couverture.

Sur ces grabats immondes, reposent ensemble des individus des deux sexes, et d'âges très différents, la plupart sans linge et d'une saleté repoussante. Il y a même des filatures, où la couleur de leurs pieds nus permettrait, dit un voyageur, de les prendre d'abord pour des nègres, tant ces pieds sont noircis par une épaisse et une ineffaçable croûte de crasse. Père, mère, vieillards enfants, jeunes hommes, jeunes filles, se pressent, s'entassent pêle-mêle sur ces couches impures....

Les médecins les commissaires de police de ces quartiers, vous diront que, souvent les ouvriers se reprochent entr'eux dans leurs disputes, les épouvantables horreurs commises au sein de l'obscurité et de l'ivresse.

Cependant, il y a une misère plus grande encore que ces misères, si grandes! un logement plus mauvais encore que celui de ces caves, si mauvais pourtant! Ce sont les greniers, et les ouvriers qui les habitent. Les caves, en effet, ne sont pas aussi humides encore qu'on le pourrait croire. En allumant un réchaud qui se place alors dans la cheminée dont ces caves sont ordinairement pourvues, on détermine un courant d'air qui les sèche et les assainit. Mais, dans les greniers! rien ne garantit des extrêmes rigueurs des températures. Car les locataires du comble, plus misérables que les locataires du fonds, manquent de tous les moyens d'y entretenir du feu pendant les saisons froides; et les ardeurs de l'été leur arrivent étouffantes comme sous les plombs de Venise.

Tout n'est point dit sur cette dégradation humaine de la classe ouvrière; il faut la voir, le dimanche et le lundi, le soir, durant l'hiver, par les portes et les fenêtres, à travers les nuages d'une épaisse fumée de tabac qui obscurcit les cabarets voisins de ses repaires où elle se précipite et se groupe en fourmilière; agrégation hideuse de toutes les misères, de tous les vices épars dans ces quartiers. Nulle part on ne pourrait voir se produire en public un plus grand nombre d'actes de débauche et de cynisme, ni entendre un langage plus obscène sorti de la bouche même des enfants qui y suivent leur famille, lorsque les mères, pour s'en débarrasser, ne leur ont pas procuré un sommeil forcé en leur faisant prendre une dose de thériaque appelée *dormant*.

Enfin, pour que rien ne manque à ce tableau, à l'invention duquel nulle imagination, si dévergondée qu'elle pût être, n'oserait prétendre; il faut, comme remords et comme châtiment en faire la *légalisation*, à notre argentocratie triomphante.

» Il est impossible, dit en 1832, le 1.ᵉʳ avril, une commission de l'intendance sanitaire de cette ville, dans son rapport à la municipalité, sur les moyens à prendre immédiatement contre le choléra ; il est impossible de se figurer l'aspect des habitations de nos pauvres ouvriers, si on ne les a visitées. L'incurie dans laquelle ils vivent attire sur eux des maux qui rendent leur misère affreuse, intolérable, meurtrière. Leur pauvreté devient fatale par l'état d'abandon et de démoralisation qu'elle produit. Dans leurs caves obscures, dans leurs chambres qu'on prendrait pour des caves, l'air n'est jamais renouvelé, il est infect : les murs sont plâtrés de mille ordures. S'il existe un lit, ce sont quelques planches sales, grasses; c'est de la paille humide et putréfiante ; c'est un drap grossier dont la couleur et le tissu, se cachent sous une couche de crasse. C'est une couverture criblée de trous comme un tamis. Les meubles sont disloqués, vermoulus, tout couverts de saletés. Les ustensiles sont jetés sans ordre à travers l'habitation. Les fenêtres, toujours closes, sont garnies de papier et de verre, mais si noirs, si enfumés, que la lumière n'y saurait pénétrer ; et, le dirons-nous? il est certains propriétaires, (ceux de la rue du Guet, par exemple), qui font clouer les croisées pour qu'on ne casse pas les vitres, en les fermant et en les ouvrant ! Le sol de l'habitation est encore plus sale que tout le reste; partout sont des tas d'ordures, de cendres, de débris de légumes ramassés dans les rues, de paille pourrie, des chenils pour des animaux de toutes sortes…. Aussi, l'air n'y est-il plus respirable. On est fatigué, dans ces réduits, d'une odeur fade, nauséabonde, quoiqu'un peu piquante, odeur de saleté, odeur d'ordure, odeur d'homme !….

« Et le pauvre ouvrier, lui-même, comment est-il au milieu de pareils taudis? Ses vêtements sont en lambeaux ; sans consistance , consommés, recouverts, aussi bien que ses cheveux qui ne connaissent pas le peigne , des matières de l'atelier. Et sa peau? sa peau , bien que sale , on la reconnaît sur sa face. Mais sur le corps? Elle est peinte, elle est cachée, si vous le voulez, par ces insensibles dépôts d'exsudations diverses. Quant à leurs enfants, ils sont décolorés, ils sont maigres, chétifs, vieux, oui vieux et ridés ! leur ventre est gros et leurs membres sont émaciés ; leur colonne vertébrale est courbée, et leurs jambes sont torses. Leur cou est couturé et garni de glandes ; leurs doigts sont ulcérés et leurs os gonflés et ramollis, enfin ces petits malheureux sont dévorés par les insectes. »

Le département et la ville , dont les voyageurs, les économistes , les écrivains, les magistrats ont pu dire toutes ces choses, dans notre temps, hier encore, sont pourtant un département et une ville qui dans les descriptions et les statistiques modernes de la France, figurent comme autant d'objets dignes d'admiration et d'envie, comme les mieux partagés pour l'expansion de toutes les forces qui font progresser la sociabilité moderne.

Ce département est le plus riche et le plus peuplé de France , en exceptant celui de la capitale, disent les géographes. Si la population était répartie dans tout le royaume comme elle l'est dans cette portion du territoire, la France compterait plus de 85 millions d'habitants. Sa superficie est de 567,863 hectares , dont 7,000 seulement sont incultes, et dont 53,056 sont occupés par les habitations , les routes et les canaux, ces grands versans du travail. Il est couvert de champs qui produisent à proportion deux fois plus que dans le reste de la France; il est divisé par deux fois plus de routes et quatre fois plus de canaux; c'est celui qui comprend le plus de villes populeuses et le plus de places fortes importantes ; c'est celui qui produit au trésor public le revenu le plus considérable ; c'est celui dont la population est réputée la plus éclairée, la plus laborieuse, la mieux disposée à recevoir l'instruction ; c'est un de ceux où la presse, ce levier moderne, est le plus occupée. On y publie quinze journaux ; outre ces feuilles périodiques, on y imprime annuellement près de 250 ouvrages, de sciences, de morale et de littérature. Ce département est encore un de ceux qui possèdent le plus de sociétés savantes. Plusieurs villes y forment autant de centres de lumières. Ainsi celle-là a sa société royale des sciences, des arts et de l'agriculture ; ses trois sociétés d'horticulture , d'économie politique, de clinique médicale et chirurgicale, une association pour l'encouragement des lettres et des arts dans tout le département; celle-ci, a sa société royale et centrale. d'agriculture, sciences et arts ; sa société des amis des arts, des amis de l'industrie; celle de médecine, de chirurgie et de pharmacie; cette autre a sa société d'émulation, quoi plus encore ? Il n'est pas un des chefs-lieux d'arrondissement qui ne possède son académie, sa bibliothèque, une société quelconque.

Le département est en première ligne sous le rapport des établissements de bienfaisance ; puisqu'il possède 46 hospices, dont les revenus et les allocations s'élèvent à 1,350,000 fr. et dans lesquels on entretient 2 800 vieillards et 1,400 orphelins, tandis que le budget départemental affecte une somme de 273,000 fr. pour l'entretien d'environ 3,500 enfants trouvés, et que les communes réservent 976,000 fr. à 613 bureaux de bienfaisance qui distribuent des secours à près de 172,000 individus Enfin, la consommation locale et le commerce y entretiennent une industrieuse activité; on y brasse annuellement 1,100,000 hectolitres de bière , on y compte 1,135 moulins à farine ; 500 moulins à huile en livrent plus de 465,000 hectolitres. On y confectionne 5,900,000 kilogrammes de beurre , et 1,459,000 de fromage; on y fabrique environ 7,000,000 de kilogrammes de lin, 5,600,000 de coton filé; 600,000 de laine peignée, et 4,000,000 de mètre de toiles et de batistes.

C'est le département du Nord !

La ville qui, sur 72,000 habitants. a près de trente mille indigens; la ville de la rue des Etaques, de la rue St-Sauveur, de la rue du Guet, et de leurs cours immondes ; c'est Lille, la place forte de Vauban, située dans une plaine couverte de champs en culture et de la plus belle fertilité ! Elle possède un collège communal très bien tenu ; une bibliothèque publique de 20,000 volumes, un beau jardin botanique où la science étale ses enseignements. Dans son hôtel de ville, aux belles tours crénelées, elle entretient un cabinet de physique ,

n musée d'histoire naturelle, riche en oiseaux, en insectes, en pois-
ons, en minéraux. Son musée de peinture renferme des tableaux
dus aux pinceaux de Rubens, de Van Dick, de Paul Véronèse, de
Philippe de Champagne. Dans le local de la société royale des scien-
es, de l'agriculture et des arts, on garde précieusement une magni-
que collection de dessins, la plus complète en ce genre, dit-on,
près celle du Louvre à Paris; et dans l'édifice de Lombard, se trou-
ent les riches archives du département, les plus riches encore
près celles de Paris. Lille possède des sociétés, des académies, un
comité historique. La musique y est cultivée, son conservatoire est
ne succursale de celui de la capitale, et la salle des concerts est une
es plus belles de France. L'activité de son industrie, l'étendue de
on commerce qui encombrent ses routes et ses canaux, font ou-
ier qu'elle est une place de guerre. Près de 150 filatures de coton
nt remplacé une partie des fabriques de dentelle qu'elle possédait
utrefois; on y compte 80 manufactures de toiles blanches ou pein-
es; 20 fabriques de tulle, 60 de fil retors, 15 de dentelle; plusieurs
manufactures de tissus de laine, de passementerie, de bonneterie, de
urs, de papiers, de savons, d'acides, une manufacture de tabacs,
farinières, 6 tanneries, 120 forges; tous les ans, il s'y fait une ex-
osition de l'industrie; il y existe plus de cent associations de bienfaisance entre les ouvriers employés dans ces nombreux établis-
ments.

Comment donc se fait-il que ce département si fécond, que cette
ville si florissante, où le travail abonde, soient précisément le département et la ville où le tiers au moins de la population ne peut
vivre de son travail, et tombe à la charge des deux autres tiers?

Par quelle fatalité tous ces superbes établissements des arts, de
science, de la politique et de l'industrie, où s'entassent l'intelligence
les bras de toutes les hiérarchies des travailleurs sont-ils ce que
nt dans les villes d'Italie, ces magnifiques palais déserts que les
immondices rongent aux pieds?

Par quel ironique contraste entre la cause et les effets, le dépar-
ment et la ville où s'agitent toutes les puissances, tous les moyens
action qui hâtent le progrès de la civilisation moderne, de la

perfectibilité sociale et humaine, et où ne manque aucun des éléments qui peuvent amener à bien le problème de la science sociale, sont-ils précisément le département et la ville de France, qui fournissent les sujets de ces sombres et révoltants récits, que l'on pourrait prendre plutôt pour des feuillets perdus de quelque vieille chronique du moyen-age, alors que les grandes famines, la peste noire et toutes les profondes misères nées de l'ignorance, de l'abrutissement et du servage féodal, s'en allaient par les cités et les campagnes, porter la dégradation et la mort?

§ II.

Des causes générales de la dégradation physique et morale des ouvriers dans les villes de fabriques.

ARTICLE I.

Ivrognerie. — Libertinage. — Durée du travail.

Certainement, tous les grands centres industriels de la France ne présentent pas ce contraste énorme entre le travail et le salaire ; tous n'ont pas leurs rues *des Étaques, du Guet et St-Sauveur ;* toutes les misères ne ressemblent pas à ces misères ; toutes les immoralités à ces immoralités : toutes les abjections à ces abjections ; ni la vie de tous les ouvriers de France à cette vie des Bohémiens de Lille et du département du Nord. Certainement aussi, dans tous les départements, dans toutes les villes où affluent l'industrie et le travail, on ne trouverait ni un nombre pareil d'établissements publics, ni une aussi riche diversité de moyens pour répandre le savoir, pour satisfaire les goûts artistes et pour propager les bienfaits de la moralisation par le développement des intelligences. Mais la presque généralité de la fabrique de France présente un tel ensemble de faits, de misères et de démoralisation dans la classe ouvrière, qu'on serait tenté de les croire inhérents à l'existence et à l'organisation même de l'industrie ; comme aussi, l'emploi généralisé des moyens par lesquels ces faits ont été combattus dans les ateliers où ils ne se produisent plus que partiellement, et encore bien affaiblis, semblerait pouvoir en promettre l'extinction ou du moins l'amoindrissement dans les ateliers qu'ils désolent encore.

.Ainsi, tous les économistes qui se sont livrés à la recherche et à la constatation de l'état physique et moral des ouvriers employés dans les manufactures, sont arrivés à cette conclusion : que l'ivrognerie est leur plus grand fléau, et qu'elle y est le vice presque exclusif des hommes. D'abord, les ouvriers boivent les liqueurs spiritueuses sans plaisir, par imitation, pour ne pas faire moins que les anciens de l'atelier ; mais bientôt, à l'indifférence succède une sensation agréable, puis un désir irrésistible ; enfin, une passion qui augmente toujours. Arrivé là, tout devient pour l'ouvrier une occasion d'aller au cabaret ; il y va quand l'industrie prospère, parce qu'il a de l'argent ; il y va surtout quand l'industrie en souffrance le laisse sans travail, pour y chercher l'oubli de la misère. Quand il y a chômage momentané, il y va parce qu'il n'a rien à faire ; il y va enfin, parce que, suivant une pittoresque expression : *Rien n'altère comme de boire.* Adieu alors l'épargne, l'éducation des enfants, l'accord du ménage, tout le bonheur de la famille ! Arrive la paresse, le jeu, la turbulence, les querelles, l'abrutissement, la perte de la santé, qui suit toujours celle des mœurs ; les scandales, le crime enfin !...

Partout aussi, ou presque partout, il a été constaté que le mélange des sexes dans les ateliers, était une source féconde d'ivrognerie et de libertinage, par les discours licencieux que ce mélange provoque, les leçons de mauvaises mœurs qui s'y donnent, même avant l'âge où les sens ont parlé et après l'âge où ils ont cessé de se faire entendre. Ce mélange, en effet, amène une licence de rapports, et jusque dans les actes les plus vulgaires de la vie un mépris de la décence qui portent leurs fruits, le jour où les passions font sentir leurs étreintes. Dans les ateliers où les sexes sont séparés, cette séparation même n'est pas suffisante ; car, on n'en exclut ni le cynisme du langage, ni la jalousie qu'inspire l'innocence aux créatures qui l'ont perdue. Si la jeune fille résiste au spectacle de la dépravation, à la contagion de l'exemple et surtout aux railleries de ses compagnes, si cruelles qu'il n'est pas rare que, pour les faire cesser, la pauvre victime s'empresse d'avouer le lendemain sa chute de la veille, et de travailler à son tour à la perte de toute compagne dont la sagesse serait un reproche pour elle ; pense-t-on qu'elle trouve toujours la même force contre la misère ?.... N'y a-t-il pas les crises commerciales qui la laissent sans ouvrage ; et alors, en proie à tous les besoins, loin de sa mère, sans guide, sans religion, jetée dans les ateliers, aux séductions des maîtres, de leurs fils ou des chefs d'ateliers, après avoir parcouru cette hiérarchie de dégradation, n'en vient-elle pas à abandonner l'atelier, le soir avant l'heure, pour aller où vont les femmes folles de leur corps. Et ce désordre, hélas! n'est-il pas si connu, si général que dans le langage des ateliers, cela s'appelle *faire le cinquième quart de la journée.* Enfin, le relâchement des mœurs dans les pays de manufactures, n'est-il pas tel qu'il fournit, dans une immense proportion, au recrutement de la prostitution dans Paris. Ouvrez-donc l'épouvantable et pourtant si honnête et si utile ouvrage du docteur Parent-du-Châtelet, et vous y verrez la preuve authentique que dans nos villes de manufactures, et surtout à Reims et à Rouen, des maisons impures de Paris ont établi des espèces de courtiers qui enrôlent des jeunes filles, et les leur expédient par la diligence.

Dans les fabriques où le libertinage ne florit pas toujours sur une aussi effrayante échelle de prostitution, le concubinage existe à un état qu'on peut appeler normal. Ces liens immoraux, que par un sobriquet qui fait peu d'honneur à la perfectibilité des mœurs de *la capitale du monde civilisé,* on appelle *Mariage à la parisienne,* ne sont-ils pas les seuls pratiqués par la grande généralité de la classe ouvrière?.... Il faut dire cependant que ce n'est toujours ni par impiété, ni par insouciance, ni par esprit de libertinage que la plupart de ces mariages demeurent privés de la double sanction de la loi civile et de la loi religieuse; il existe un grand nombre d'ouvriers qui regrettent de ne pouvoir y consacrer, même le peu d'argent que réclament les premiers frais d'établissement, la possession des papiers de famille nécessaire à la publication des bans, et enfin les actes même de la célébration....

A toutes ces causes déjà si actives d'exténuation morale et physique dans la classe ouvrière des fabriques, il faut joindre la durée du travail dans les ateliers.

D'après un rapport fait à la société industrielle de Mulhouse, le 31 mars 1857, il existe des filatures en France, qui retiennent leurs ouvriers pendant dix-sept heures chaque jour. Les seuls moments

de repos pendant ces dix-sept heures, sont : une demi-heure pour
le déjeuner et une heure pour le dîner. Ce qui laisse quinze heures
et demie d'un travail effectif, et en vérité d'une durée excessive,
d'autant plus qu'elle est semblable pour tous les ouvriers et pour
tous les âges, et que ce labeur est en raison inverse du salaire qu'ils
reçoivent : moins ils gagnent, plus il dure ! d'autant plus encore
qu'il a lieu généralement dans des édifices où l'air et l'espace ne
sont point en proportion suffisante avec la portion vitale qui absorbe
le nombre des travailleurs ; que l'air respirable est vicié, dans un
grand nombre d'industries par les duvets, les poussières, les détritus,
les odeurs, les émanations de tout genre que soulèvent le battage et
l'épluchage des matières premières ; par la vapeur des divers char-
bons employés à la marche des machines ; par la chaleur excessive
de la température habituellement de 35 à 40 degrés à laquelle il
faut maintenir les séchoirs et les salles de certaines industries ; telles
sont, par exemple, les industries où deux femmes saisissent, chacune par un chef, une pièce de mousseline mouillée, s'écartent rapidement l'une de l'autre sans que l'étoffe touche le plancher, la
tendent, lui impriment deux ou trois secousses, et où, après cette
opération, la pièce d'étoffe est séchée, en moins de temps qu'il n'en
a fallu pour écrire ces quelques lignes.

ARTICLE II.

Avances d'argent. — Servage industriel. — Travail des enfants. — Patronage.

Comme si ce n'était pas assez des causes de démoralisation et
d'abrutissement que les ouvriers de la fabrique trouvent en eux-
mêmes, voici que par complaisance coupable, et il faut le dire,
trop souvent aussi, par calcul plus coupable encore, les maîtres
s'en font comme à plaisir les complices, pour les favoriser et les
multiplier, au moyen des avances d'argent.

Les avances d'argent faites par les maîtres sur les salaires des ouvriers ont même quelque chose de plus qu'un caractère de démoralisation. En allant droit au fond des choses, on y trouve clairement la constitution du servage de l'industrie. Ces avances en effet produisent un *esclavage particulier*, qui s'aggrave chaque fois qu'à l'imprévoyance du débiteur, se joint la spéculation sans pitié du créancier, et il en résulte cette *exploitation révoltante de l'homme par l'homme*, que le christianisme a poursuivie et poursuit de ses anathèmes sans trève ni merci.

Il est utile de raconter la façon dont se constitue cette situation de l'ouvrier, que les économistes, à bon droit, considèrent comme une forme de l'esclavage, et dont on affecte d'ignorer l'existence, après nos deux révolutions faites, soi-disant, au nom de la liberté individuelle.

Or, ce n'est pas un de nos moindres griefs contre la manie des législateurs de nos jours, d'aller chercher des formules dans les légalités décrépites; ce ne doit pas être non plus pour les classes populaires un de leurs moindres sujets de défiance contre ces lois que de savoir que cette constitution du servage moderne a sa base et la garantie légale de sa perpétuité dans la loi du 22 germinal an XI, et dans l'arrêté du 9 frimaire an XII.

Lorsqu'un ouvrier qui travaille à la pièce ou à la tâche s'établit, il est assez ordinaire qu'il emprunte, à titre d'avances, sur la main-d'œuvre, de l'argent à celui qui lui donne de l'ouvrage. Les ouvriers voient dans ces avances une garantie qu'ils ne seront pas renvoyés alors que le travail sera peu abondant; mais ils ne prévoient pas les conditions dures qui leur seront imposées quand le travail sera rare.

Dans les temps de prospérité, le maître qui a besoin d'ouvriers se garde bien de réclamer son argent ou de le recouvrer peu-à-peu en faisant une retenue à l'ouvrier, si celui-ci ne la demande pas lui-même : et celui-ci la demande fort peu, car il est généralement dans cette condition d'imprévoyance d'avenir et d'incapacité que M. Hippolyte Passy a dit quelque part, être le fond intellectuel de la classe pauvre. Le maître sait trop bien avec quelle facilité, quand le travail abonde, son emprunteur, qui cesserait de travailler pour lui, trouverait pour le rembourser de l'argent chez un autre fabricant. Que d'ouvriers en effet paient de cette manière, non sans augmenter très souvent leur dette, un premier prêt avec l'argent d'un second, et ce dernier avec l'argent d'un troisième, ainsi de suite tant qu'il y a crédit, c'est-à-dire travail abondant.

— Mais surviennent la stagnation du commerce, la gêne de la fabrique ! toutes les avances cessent à l'instant, et le maître qui ne craint plus que la concurrence embauche ses ouvriers, fait sur les salaires de ses débiteurs des retenues telles, souvent, que c'est à grand-peine si ces malheureux peuvent vivre. Ceux-ci même n'ont plus la faculté de recourir à un autre maître pour recommencer un travail nouveau. Car le fabricant qui fait des avances sur le salaire, les inscrit sur le *livret* dont l'ouvrier, aux termes de la loi du 22 germinal, doit toujours être muni, et l'ouvrier ne peut exiger la remise de son livret et son congé qu'après avoir payé sa dette en argent ou en travail. D'ailleurs, un maître qui recevrait chez lui, au sortir d'un autre atelier, un ouvrier qui n'aurait point son *livret*, s'exposerait à être poursuivi pour fait d'embauchage d'ouvrier.

Ainsi, voilà un travailleur, un pauvre tisserand par exemple, qui ne gagne pas, terme moyen, plus de 500 fr. par an ; comment pourrait-il économiser sur ce minime revenu, surtout s'il a des enfants en bas-âge, de quoi payer une dette de 100 fr. seulement? Admettez qu'à force de privations, il parvienne à retrancher non pas 50 fr. par an sur ses besoins, ce serait impossible, mais 25 fr. seulement. Le voilà donc condamné à travailler quatre ans de suite chez un maître détesté, qui, le plus souvent, ne lui a fait des avances que pour gagner, plus tard, sur lui ; sans pouvoir choisir l'ouvrage sur lequel il gagnerait le plus, sans pouvoir bénéficier d'une augmentation de salaire, quand il y a hausse dans le prix de la main-d'œuvre, et contraint même, à exécuter de mauvaises pièces qu'un ouvrier libre refuserait. Et s'il en est ainsi pour une somme de 100 fr., que sera-ce donc si elle s'élève au double, au triple, ou plus encore? La vie de l'ouvrier y suffira-t-elle? Et par là, n'a-t-on pas constitué au détriment de l'ouvrier de France cette horrible constitution de fermage, dans laquelle e malheureux *paddy* de l'Irlande, tourne incessamment entre le servage et la faim.

Et ce n'est pas tout; la facilité avec laquelle dans certains endroits, et en vue de la cupide spéculation des maîtres, un ouvrier peut augmenter sa dette, l'entraîne dans une vie de désordres; il dépense imprudemment l'argent nécessaire plus tard pour l'entretien de sa famille; bien plus, si l'ouvrier honnête a emprunté dans ces temps de crise, où la cherté des subsistances est en raison directe de la vilité du salaire, ou de la cessation du travail; et si quand l'équilibre se rétablit, lui seul, à cause de la retenue à faire pour combler l'arriéré, ne peut arriver à joindre les deux bouts, que fera-t-il? Fatigué peut-être de lutter, contre cette insuffisance toujours renaissante du salaire, et cette reproduction toujours la même des besoins journaliers, il se découragera, il maudira ce travail qui ne produit plus assez; il croisera sur sa poitrine, gémissant et découragé, ses bras si actifs, qui ne peuvent plus le nourrir, et il finira par chercher dans la débauche, l'oubli de sa misère contre laquelle il ne peut plus rien. Essaiera-t-il de se soustraire par la fuite à une position qui n'a point d'issue?... Mais, son *livret*?.. il ne lui a pas été rendu, et où ira-t-il sans livret?... Ainsi pas de milieu, ou rester attaché à l'atelier de son maître, ou mourir de faim, ou se faire arrêter comme vagabond!...

Oh! dites, n'est-ce point là l'aliénation la plus complète de la liberté? n'est-ce point la reconstituion au profit des maîtres de l'atelier, de l'ancien servage de la glèbe. La morale publique n'est-elle pas outragée, la liberté humaine indignement violée?....

Et les enfants de la classe ouvrière,—ce futur élément de la société démocratique, dont les profondeurs et la surface seront paisibles ou agitées et qui obtiendra les destinées promises par le travail au monde nouveau, selon que cet élément lui-même sera moral ou turbulent; — que dirons-nous de l'état de prostration, de fatigue, d'ignorance et d'immoralité dans léquel ils se trouvent? Fruit du concubinage ou de la prostitution dans la proportion de 1 sur 6 dans le nombre des naissances, l'enfant des classes ouvrières est voué à la mort qui le décime avant l'âge de deux années, dans la proportion de 8 sur 10, dans certaines localités industrielles. Linge, propreté, douce chaleur, tendre surveillance, soins continuels, lait abondant, tout lui manque! car les mères sont dans l'impossibilité de lui prodiguer chaque jour tout cela, pendant les 15 ou 16 heures qu'elles passent dans les ateliers. Exténuées de fatigue, incomplètement alimentées, elles ne peuvent offrir qu'un sein presque tari! Et ceux qui ont providentiellement échappé aux mille chances, aux mille dangers dont la misère, la faim et l'abandon les environnent; quel est leur sort?

Avant l'âge de sept ans, poussés dans les ateliers, mal nourris, mal vêtus, obligés de parcourir, dès 5 heures du matin, la longue distance qui les sépare le plus souvent de leurs ateliers; forcés après cette marche, de rester au moins douze heures chaque jour dans une pièce fermée, sans presque changer d'attitude, et de parcourir de nouveau, le soir, pour rentrer chez leurs parents, l'espace qu'ils ont parcouru le matin; abrégeant ainsi, les pauvres créatures! leur sommeil et leur repos, de tout le temps que ce va et vient leur fait perdre; ou bien, n'ayant contre cette fatigue du chemin, d'autre asile que de misérables petites chambres, où loin de leurs parents, ils s'entassent en commun, souvent sur le même lit, et où *ils vivent en bohémiens;* n'est-ce point là le sort des enfants employés dans les manufactures et dans les ateliers? Et là, que voient-ils, qu'entendent-ils, ces malheureux enfants, sinon autre chose que désordres et propos obscènes! Imprégnés de vices, élevés dans une atmosphère d'impureté, façonnés par les mauvais exemples, ne pouvant concevoir la vie autre que celle qui fonctionne sous leurs yeux, ils deviennent à leur tour ivrognes, débauchés, abrutis..... Aussi, voyez-les, ces pauvres petits malheureux! partout pâles, énervés, lents dans leurs mouvements, tranquilles dans leurs jeux, ridés, rabougris comme des vieillards chancelants sur leurs jambes; unissant la connaissance de toutes les turpitudes de la vie dépravée à l'impuissance de les satisfaire avant l'âge, ils offrent un extérieur de misère, d'abattement, de perversité qui contraste avec le teint fleuri, l'embonpoint, la pétulance et l'air candide qui se remarquent chez les enfants du même âge dans le reste de la France.

Écoutez encore; pour ces pauvres petites machines éreintées, il y a quelque chose de plus que la misère, l'exemple du vice, la fatigue, la privation du sommeil, le froid, la faim, la nudité, la vie bohémienne, enfin ! Le nerf de bœuf, dans quelques ateliers, à Reims, à Rouen, par exemple, figure sur le métier au nombre des instruments du travail.... Dans les moments de presse, quand les ouvriers passent la nuit à travailler, les enfants doivent également veiller et travailler, et quand ces pauvres créatures, succombant au sommeil cessent d'agir, on les éveille par tous les moyens possibles, moyens d'ouvriers, s'il vous plaît, façonnés autrefois comme ils façonnent leurs apprentis à leur tour, moyens fort afflictifs, le nerf de bœuf compris.....

C'est ce qu'on appelle le TRAVAIL des enfants dans les manufactures ; le travail, mon Dieu ! Mais c'est une tâche....., c'est une torture ! Et ce qu'il y a de plus effrayant encore, ce qui prouve à quel état de pétrification finale et incorrigible est arrivé le cœur industriel, c'est que parmi les ouvriers qui frappent les enfants, il y a des hommes parfaitement reconnus d'une moralité irréprochable, auxquels l'emploi de ce moyen paraît légitime et même tout simple ; car, ils le soutiennent, le seul efficace ; et comme ils ont été battus dans leur enfance, ils trouvent tout naturel de dresser leurs apprentis comme ils ont été dressés eux-mêmes.

Qu'on ne s'étonne donc pas, si cent cinquante mille voix se sont élevées ensemble, de tous les points de la France industrielle, pour se confondre dans une plainte immense contre un état social dont les conditions sont telles que la mort dévore la moitié des races ouvrières avant l'âge de deux ans accomplis, tandis qu'après cet âge l'autre moitié est une moisson que dessèchent sur pied, aussi avant terme, le travail forcé, la misère, l'immoralité et l'ignorance.

Quelques hommes de cœur et de savoir qui enseignent et pratiquent la charité chrétienne, et dont les noms sont honorés des riches comme ils sont bénis des pauvres, n'avaient pas attendu cette clameur éclatante pour s'enquérir des causes de tant de misères dissolvantes, et s'inquiéter des remèdes qui pouvaient les affaiblir partiellement, sinon les faire disparaître. Tous s'étaient arrêtés à cette pensée, que si l'on pouvait prévenir l'ivrognerie, diminuer la prostitution et le concubinage, moraliser et enseigner les enfants, ce serait rendre les ouvriers moins pauvres, moins inquiets, moins turbulents, plus libres, meilleurs en un mot ! ce serait assurer la société contre les désordres qui l'agitent, et ceux plus grands qui la menacent.

Parmi les projets d'une efficacité plus ou moins réelle et rapprochée, et qui appelaient l'intervention plus ou moins possible des lois, des réglements de police, du magistrat, du prêtre, de l'émulation, de l'augmentation des droits sur les alcools, de la fermeture des cabarets avant la nuit, de la dissolution du compagnonage, de l'éducation forcée, d'occupations instructives et moralisatrices les jours de chômage, toutes choses qui dans les idées du faux libéralisme de ce temps, portent atteinte par quelqu'endroit à la liberté civile ou de conscience, et à l'autorité paternelle, bien des gens s'étaient arrêtés à ne voir rien de praticable en dehors du concours franc, complet et général des maîtres, des fabricants et des manufacturiers.

Mais voilà que presque partout ce moyen a paru si difficile, qu'il a été considéré comme une utopie impossible. Tandis que l'on constatait l'étendue du mal, et l'unité du remède, on constatait aussi que la généralité des maîtres disait très candidement qu'ils étaient fabricants pour devenir riches et non pour se montrer philantropes; que loin de s'associer jamais pour prévenir l'intempérance et arrêter l'immoralité des ouvriers, ils profiteraient encore des associations de ce genre pour peupler leurs propres ateliers en y réunissant les travailleurs qui seraient renvoyés des autres. Quelques-uns ont poussé l'effronterie plus loin, ils ont avoué tout haut, que loin de vouloir donner à la classe ouvrière de bonnes habitudes, ils faisaient des vœux au contraire pour que l'ivrognerie et les mauvaises mœurs s'étendissent à tous les travailleurs. C'est à leurs yeux un moyen infaillible de tenir la classe ouvrière sous une dépendance absolue par des avances de salaire que demandent toujours les ouvriers de mœurs et de conduite déréglées. Enfin, et c'était là leur grande affaire en ce temps de liberté menteuse, ils estimaient que par ce moyen, nul travailleur ne pourrait sortir de sa condition pour s'élever à son tour au rang de fabricant, et que c'était un concurrent de moins qu'ils avaient à craindre.

Que les cent cinquante mille pétitionnaires de l'enquête demandée à la chambre ; que les publicistes qui réveillés enfin de leurs préoccupations de parti, s'extasient sur la forme légale donnée à cette grande manifestation, mais qui se rendormiront demain dans la sécurité que leur donne cette intelligence populaire des conditions de la vie publique ; que tous les amis véritables des classes laborieuses ne se fassent point illusion sur la volonté et la possibilité où sera le pouvoir législatif de chercher et de trouver la solution de cette grande question du travail. La loi de 1841 sur les enfants employés dans les manufactures, et ce qui s'est passé l'année dernière dans le parlement d'Angleterre disent assez, à quoi aboutissent les efforts des maîtres de la politique, qui se trouvent être aussi les maîtres de l'industrie. Si vous voulez que les droits de l'humanité, deviennent la loi suprême, ne mettez jamais les législateurs aux prises avec leurs intérêts. Entre la conscience et l'argent, ils choisiront l'argent.

Aussi, en procédant à cette enquête si courte et si incomplète, sur le sort des travailleurs de l'industrie, ne nous est-il pas venu à la pensée que les pouvoirs de l'État y feraient quelque chose. Ils le pourraient qu'ils ne le voudraient pas ; car, augmenter le bien être de l'ouvrier, ce serait diminuer les profits des maîtres, et les maîtres sont les électeurs, les éligibles, les députés, les pairs, c'est toute la société officielle qui fait les lois, qui n'est rien sans l'État, sans laquelle l'État n'est rien ; et peut-on en attendre un suicide par un coup fourré ! C'est donc en dehors de cette société officielle, de cette nation légale, que les classes populaires doivent chercher et attendre ces garanties d'existence, d'avenir, d'amélioration. Nous nous sommes dit, comme nous le leur disons, que ces garanties ne se peuvent trouver, de notre temps, que dans l'union intime et par le christianisme des classes populaires et des classes supérieures, accomplissant, les unes par les autres, le travail évangélique des mains, de l'intelligence et de la charité. De là, seulement, peut sortir un patronage bienveillant et désintéressé, qui s'exercera sur les mœurs, la santé et la famille de l'ouvrier; un patronage qui suivra l'homme dans toutes les conditions de l'existence et du travail, depuis le berceau jusqu'à la tombe; patronage, hélas! peu compris des sociétés anciennes, où il n'a abouti qu'à quelques-unes des modifications de l'esclavage, mais qui, réglé par la loi chrétienne, peut être l'honneur et le salut de la société moderne. Aussi nous proposons-nous d'en raconter l'histoire et d'en formuler les conditions dans un de nos prochains numéros.

De la grève des ouvriers.

« Ce ne sont pas des passions politiques qui nous travaillent ;
« mais, voyez-vous, il y a en Irlande des maux physiques dont
« vous n'avez pas l'idée. » Ces sombres paroles par lesquelles Daniel O'Connell a répondu à quelques railleries du Parlement d'Angleterre, peuvent aujourd'hui être le cri par lequel les ateliers de France, doivent répondre aux partis intéressés à les calomnier. Ce n'est ni pour un principe, ni pour une formule en politique que des ouvriers par milliers se condamnent au chômage, c'est pour une question de pain et de vêtement. C'est pour la terrible question du travail, devant la solution de laquelle tous les gouvernements reculent depuis cinquante ans, et qui, grossie de tous les efforts actifs et négatifs qu'on lui a opposés, menace de faire explosion dans quelques années, dans quelques jours, demain peut-être.

Napoléon parvint à l'éviter, en poussant sur les champs de bataille de l'Europe tout le personnel démocratique que la révolution avait chassé des ateliers, et jeté sur la place publique. La Restauration en fut débarrassée par ceux-là même qui désiraient le plus sa chute. Ayant compris qu'ils pourraient bien être emportés eux-mêmes par cette question sociale, ils mirent toute leur habileté à fanatiser le peuple pour des questions politiques qui les conduisaient à leur but sans les compromettre. Mais quand le fanatisme politique eut produit ce pourquoi il avait été excité, le peuple se demanda un beau jour ce qu'il y avait gagné. Et comme les nations ainsi que les hommes, sont lentes à mettre la main sur leurs blessures, et sur leurs véritables causes, l'insurrection lyonnaise éclata au milieu du concours ouvert à toutes les recherches , à tous les plans d'organisation politique qui se produisaient par la presse , par la tribune et par l'émeute. Ce fut là son malheur.

Sans doute la devise inscrite sur son drapeau noir : *Vivre en travaillant ou mourir en combattant*, était l'expression la plus vraie, la plus terrible des besoins réels et des droits légitimes de toutes ces individualités, de toutes ces masses en voie de recherche d'amélioration et de progrès; mais il lui manquait l'intelligence même des causes primordiales de son agitation. Encore toute chaude de politique, elle demandait à la politique une solution que la politique avait hypocritement attardée depuis 15 ans.

Elle croyait faire de la politique et elle venait de jeter au monde la plus terrible difficulté sociale des temps modernes. Apparue en des temps où les préoccupations politiques n'auraient point obscurci toutes les intelligences et fermé tous les cœurs, cette foudroyante devise des ouvriers de Lyon, eût été la colonne de feu à la lueur de laquelle tous les esprits, par conscience, par peur ou par amour du peuple, auraient marché vers la nouvelle terre promise à la société démocratique.

Mais les passions politiques, on s'en souvient, étaient, en ce temps si actives, si bruyantes, si téméraires, si acharnées à se ruer dans un champ-clos pour une dernière lutte en haine d'une récente duperie, qu'elles eurent toutes un intérêt égal d'ambition, de colère et d'orgueil à fausser l'esprit d'une insurrection qui, ignorante elle-même de son principe, les appelait sur un terrain où elles auraient perdu pied.

Les hommes du pouvoir qui, depuis quinze années qu'ils le poursuivaient n'avaient jamais tourné leurs idées que vers une politique d'expédient, fermèrent les yeux à l'évidence pour n'avoir pas à sonder une plaie dont leur éducation théorique et pratique ne leur avait point laissé soupçonner l'existence et encore moins le remède. Les hommes des oppositions même sérieuses, n'y trouvaient point l'une des organisations qu'ils cherchaient pour remplacer un pouvoir d'où ils étaient exclus; dès lors, ils n'eurent pas davantage l'intelligence d'un fait qui ne leur amenait pas le résultat immédiat et prochain qui ravivait leur convoitise. Enfin, hommes du pouvoir et hommes de l'opposition, ne pouvant s'élever à la hauteur sociale de l'insurrection lyonnaise, la forcèrent à se traîner couchée sur le lit étroit et court de la politique où leurs ambitions et leurs rancunes se gourmaient journellement à l'aise.

Ainsi l'insurrection lyonnaise qui, légitime et sainte dans ses causes, pouvait ouvrir une voie à la recherche du bien être des masses, ne fut pour les hommes politiques qu'une matière à exploitation, qu'un moyen pour le pouvoir de perpétuer les hypocrisies de la peur dans lesquelles il retrempait ses forces et la viabilité de ses agens, et pour un patriotisme faux et déclamateur, d'amasser de la popularité en se lamentant sur des misères qu'il ne comprenait pas, et sur des rigueurs qu'il avait provoquées, parce qu'il avait travaillé lui-même à dénaturer les causes de cette insurrection des ateliers.

Une fois déclarée politique, la question du travail et du salaire fut menée rondement, comme on mène ces sortes de questions, à la bayonnette ! Les ouvriers, avaient dit à la société qu'il dépendait d'elle de leur faire réaliser l'une des deux parties de leur fatale devise : c'était la paix ou la guerre. Le pouvoir politique trouvait son compte à la guerre : on cria donc aux ouvriers : Mourez en combattant !

Depuis ce moment, — et ce n'est pas là une des moindres causes du mépris du peuple, pour l'impuissance des partis politiques, — il fut bien reconnu que depuis cinquante ans, la politique qui avait toujours fait des classes laborieuses, un instrument de sape et de démolition, n'avait en elle aucune ressource, pour assurer à la fois le pain et le travail à qui demandait à vivre en travaillant. En revanche, elle montra que pour payer aux classes laborieuses le prix de leur concours dans toutes ses transformations, elle s'était arrangée de manière à ne voir qu'un appel à une lutte politique, dans toute demande de réforme et de redressement de griefs sociaux, et en donnant la mort dans la bataille, à prendre au mot, quiconque lui posa le dilemme du pain par le travail, ou de la mort par le combat.

Fusillé, mitraillé, écrasé sur la place publique, le troisième élément du travail, celui qui avec l'intelligence et les capitaux, concourt à l'ensemble de la production, le prolétariat se tint pour bien et dûment averti : il avait fait fausse route ; et demander à la politique, la solution de la question sociale, c'était s'attirer une réponse purement politique, et perpétuer ainsi un mal entendu, qui rivait de plus en plus sa chaîne.

Aussi, à cette heure, le travail mécontent de ses conditions, ne commet-il plus la faute de lever un drapeau, et d'y inscrire aucune devise quelconque. Pour qu'on ne se méprenne pas sur ses intentions toutes pacifiques, il se replie dans sa force d'inertie, dans sa force négative, celle contre laquelle les baïonnettes ne peuvent rien ; car, la mitraille et le canon peuvent bien, en tuant, empêcher de faire, mais non forcer à faire !

On pouvait donc penser, qu'averti par ce changement de tactique, le pouvoir se montrerait prudent, et se maintiendrait dans une parfaite neutralité, puisque la question ne compliquait en rien la politique ; mais comme s'il fallait que la politique, pour être bien et dûment enterrée, fît preuve d'inintelligence jusqu'à sa dernière heure, voilà que l'Etat en revient à ses errements politiques. Ne pouvant envoyer ses soldats pour canonner, et passer à la baïonnette des ouvriers qui ne sont coupables que d'une négation qui ne le regarde pas : il envoie des soldats pour faire concurrence aux travailleurs : c'est tout simplement d'un autre genre de meurtre, qu'il se fait le protecteur et l'initiateur. Jusqu'où cela ira-t-il ? Désorganisera-t-on l'armée, pour transformer en camp nos ateliers ? comme à l'époque des classes moyennes du Bas-Empire, va-t-on charger l'armée d'immunités et de priviléges ? N'ayant ni bénéfices, ni terres *létiques* à lui distribuer, va-t-on lui livrer par privilége, l'exploitation des arts et métiers? Va-t-on coloniser l'industrie, comme la plaine de la Mitidja, avec des soldats ayant leur fusil au pied de l'établi comme au pied de la charrue, ceux-ci pour repousser les Bédouins du désert, ceux-là pour repousser les Bédouins de la civilisation, les Barbares comme on les a appelés.

—Mais, c'est absurde cela?—Et c'est précisément pour cela que c'est croyable. Ah ! vous ne savez pas ce que c'est qu'un monopole qui se constitue ? Il est capable de tout.... Erostrate nouveau, il mettrait le feu au monde, s'il avait besoin de ses cendres pour s'asseoir. Est-ce que les robins, les marchands et les bourgeois de la Convention se sont refusé quelque chose de ce qu'ils croyaient utile à leur domination ? Les robins et les marchands d'aujourd'hui, auront besoin de l'armée pour mâter le peuple dans l'atelier, comme sur la place publique ; tenez pour certain qu'ils la feront entrer dans l'atelier comme ils l'ont poussée sur la place publique. Et puis, ignorez-vous que l'absurdité est le don que Dieu envoie aux sociétés comme aux rois, qu'il veut perdre et corriger ? Qu'on prenne donc note de ce que nous disons ici. Il y a des publicistes qui, au risque de couper bras et jambes aux millions d'ouvriers dont la France fourmille, ont déjà abordé et résolu affirmativement la question de l'emploi de l'armée aux grands travaux publics. C'est un souvenir de la vieille Rome païenne ! Le projet a donc été bien accueilli par la partie païenne de la presse. Eh bien ! nous prédisons, qu'avant peu, déjà peut-être, il sera question de régulariser l'emploi de l'armée dans le service de l'industrie : ce sera encore un retour aux souvenirs des antiques jurandes du Bas-Empire, dans lesquelles brillaient les *nautæ Parisiaci*. Les bourgeois de ce temps ne demanderont pas mieux, car il y aura bénéfice. Le soldat se donnera à meilleur compte, et c'est le consommateur, l'ouvrier qui lui-même par l'impôt indirect, paiera le supplément de salaire du soldat. N'est-ce pas un bon tour à jouer à ce coquin de peuple, qui, n'ayant de travail que six mois de l'année sur douze, a la ridicule prétention de vouloir couvrir avec le salaire gagné, quand le travail abonde, le déficit prévu d'un chômage prochain ?

TABLE.

Paris, —Imp. de LACOUR et Cie, rue St-Hyacinthe-St-Michel 33.